# Las fuerzas competitivas de mercado y su influencia en la incorporación de las TIC en las PyME

## Un estudio exploratorio

Dora Luz González Bañales
Martín Gustavo Leyva Alanís
José Antonio Gutiérrez Reyes

ISBN 978-1-326-27596-9
90000

9 781326 275969

**Las fuerzas competitivas de mercado y su influencia en la incorporación de las TIC en las PyME. Un estudio exploratorio años 2010-2012**

Autores: Dora Luz González Bañales, Martín Gustavo Leyva Alanís, José Antonio Gutiérrez Reyes

**DEDICATORIA**

A nuestros respectivos Padres y Familias por enseñarnos a valorar el mundo y personas que nos rodean, ya que en ellos tenemos el mejor modelo a seguir.

A nuestros amigos y compañeros por todos los momentos compartidos durante el tiempo de realización de este proyecto y porque forman parte de este logro al acompañarnos con su apoyo, consejos y alegría.

**AGRADECIMIENTOS**

El primer agradecimiento al todo poderoso ya que nos permite disfrutar de nuestros seres queridos, de nuestro trabajo y de cada logro en nuestras vidas.

Al Instituto Tecnológico de Durango (México) por brindarnos la oportunidad de crecimiento y desarrollo académico y profesional, especialmente al Departamento de Sistemas y Computación por todas las facilidades otorgadas.

A nuestros alumnos que sin duda fueron pieza fundamental de este logro ya que gracias a su empeño, dedicación y conocimiento logramos juntos esta meta. A continuación mencionamos orgullosamente sus nombres: Luis Eduardo Ávila Lara, Erika Alejandra Piedra Carrillo, Manuel Alejandro Borjas Gallegos, Fernando Piz Vázquez, Blanca Estela Bugarin González, Erika Adriana Ramírez Castro, Yolanda María Calderón Torres, Diana Gabriela Rincón Vera , Oscar Oswaldo Ceniceros Magallanes , Miguel Ruiz Barrios, Manuel Yearim Corral Bastidas, Diana Cecilia Saenz Delgado, Miguel Arturo De La Rocha Sánchez, Edilberto Salazar Pulido, Juan Manuel Díaz Cervantes , Maritza Paola Sánchez Valles , Juan Carlos Galindo Zamora, Saúl Saucedo Silva, José Armando González Robles, Carlos Augusto Solís Salais, Manuel Alejandro Herrera Reyes, Briza Elvira Soria Hernández, Magdiel Hurtado Rivera , Daneli Sugey Valdez Gutiérrez , Julio Cesar Ibarra Olmedo, Jorge Ernesto Valencia Ayala, Pedro Damián Lozoya Cazares, Karla Guadalupe Vázquez Vázquez , Juan Carlos Morales Ríos , Ileana Zamora Martínez, Héctor Alonso Ontiveros Sánchez, Miguel Omar Ortega Espinoza, Daniela Enriques Rosa, Jessika Contreras Pineda, Ana Luisa Torres Lara, Arlette Roxana Hernández, Fernando Piedra Camacho y Rubén Rodríguez.

**CONTACTO**

Dora Luz González-Bañales
doraglez@itdurango.edu.mx

# Tabla de Contenido

# Índice de Ilustraciones

# Índice de Tablas

# Capítulo 1. Introducción

Tras la apertura económica que se ha venido viviendo en la última década, el mundo se encuentra cada día más integrado y comunicado, y el quehacer cotidiano del ser humano depende cada vez más de la incorporación y uso de las Tecnologías de Información y Comunicaciones (TIC); el vertiginoso crecimiento de este sector ha cambiado no sólo la forma de vida del ser humano en general, sino también para las empresas, ya que ha venido a transformar el significado de la competitividad y la productividad. Sin lugar a dudas, las TIC juegan un papel fundamental en la vida de la sociedad en general: de los ciudadanos, Gobierno y empresas, en éstas últimas aquellas que mejor conocen los avances tecnológicos y cuentan con los elementos idóneos para integrar nuevas tecnologías a los procesos productivos, así como para innovar y crear soluciones a la medida de los problemas nacionales, son las que en definitiva han demostrado que pueden mejorar su eficiencia, productividad y competitividad; de ahí que las empresas mexicanas deban reforzar su esfuerzo en la adopción de las TIC para incrementar su competitividad y productividad.

La economía digital, entendida como el ámbito en el que se enmarcan las tecnologías de la información y la comunicación (TIC), se define como un nuevo sistema económico socio-político caracterizado por constituir un espacio inteligente que se construye en base a la información, los instrumentos de acceso y procesamiento de la misma, así como de las capacidades de comunicación. Así, dicha economía digital se basa en la digitalización de la información y en su perspectiva infraestructura basada en las TIC, teniendo como sus principales sectores el de los bienes y servicios digitales (transacciones online), bienes y servicios mixtos (En los que el Internet se erige como un nuevo canal de venta), la producción de bienes y servicios intensivos en tic y la industria de las tic propiamente dicha (hardware, software de aplicaciones y equipamientos y servicios de comunicación).

La aparición de las TIC y su impacto en el desempeño de las grandes empresas transnacionales, inspiraron desde un principio un optimismo en cuanto al tipo de cambio que se podían generar en las formas de organización de los procesos de producción y en las posibles ventajas que esto significaría para la industria mexicana. Fue un optimismo ingenuo, porque se hizo una lectura equivocada del proceso de implementación de la tecnología abstrayéndolo del contexto socioeconómico en el que se encontraban insertas las empresas nacionales, del tamaño de las empresas donde aparecieron las TIC y de su proceso de implementación. En México la brecha digital en el sector empresarial es grande. Menos del 25 % de las pequeñas y medianas empresas (PyME) utiliza una computadora para sistematizar sus procesos y menos del 10% de éstas, realiza transacciones electrónicas entre empresas.

Las PyME constituyen en México la columna vertebral de la economía nacional por su alto impacto en la generación de empleos y en la producción nacional. Las PyME constituyen el 90% de las empresas, el 42% del empleo, y contribuyen con un 83% del PIB. Estos empresarios son el taller mecánico, la miscelánea, la fábrica o el vivero. Empresarios son quienes dan trabajo y contribuyen a la generación de bienestar, pero los retos que enfrentan para continuar y crecer son varios. Para hacer frente a estos, una herramienta que se ha señalado puede ayudar a potenciar su productividad y competitividad, es la tecnología asociada al empleo de la tecnología; en su adopción básica, la PC ha demostrado que puede habilitar oportunidades favorables para su consolidación mediante del desarrollo de una cultura empresarial que dé forma a sus objetivos en un entorno caracterizado por la creciente competitividad, la economía digital y la agilidad en la realización de procesos internos para captar más clientes.

De acuerdo a la Secretaría de Economía, en México se cuenta con más de 5 millones de empresas pequeñas, medianas y micro que generan el 79% de los empleos en nuestro país (año 2012). Sin embargo, un estudio de la misma secretaría, en conjunto con el Banco Interamericano de Desarrollo (BID), la Universidad de Bologna, en Argentina, y el Instituto Nacional de Estadística y Geografía (INEGI) indica que el 50% de estas compañías no utilizan ningún tipo de tipo de técnica de calidad o productividad basada en tecnología, lo que significa que muchas empresas están invirtiendo más tiempo del que necesitan si implementaran alguna herramienta tecnológica.

Adicional a este escenario, Intel, a través de decenas de proyectos alrededor del mundo, ha detectado una serie de obstáculos que las PyME enfrentan para adoptar tecnologías asociadas a la productividad, entre los cuales se encuentran: Conocimiento limitado de las TIC y sus beneficios, Falta de financiamiento, Habilidades y conocimientos limitados del uso de las TIC, y soporte.

Así, por la importancia de las PyME, es importante instrumentar acciones para mejorar el entorno económico y apoyar directamente a las empresas, con el propósito de crear las condiciones que contribuyan a su establecimiento, desarrollo y consolidación. El uso de las TIC permite mejorar sustancialmente toda actividad administrativa dentro de las empresas, y en especial en las PyME

También es importante señalar que el rendimiento en la PyME no precisamente basa su éxito en el simple uso de cualquier herramienta considerada como tecnología de la información, es importante que las TIC se consideren en razón de las necesidades de la empresa y del uso de la administración electrónica que esta t.

## 1.1 Planteamiento del problema

El vertiginoso crecimiento e incorporación de las TIC, ha cambiado no sólo la forma de vida del ser humano en general, sino también para las empresas, ya que éstas ha venido a transformando el significado de la competitividad y la productividad. Sin lugar a dudas, las TIC juegan un papel fundamental en la vida de la sociedad en general: de los ciudadanos, Gobierno y empresas, en éstas últimas aquellas que mejor conocen los avances tecnológicos y cuentan con los elementos idóneos para integrar nuevas tecnologías a los procesos productivos, así como para innovar y crear soluciones a la medida de los problemas nacionales, son las que en definitiva han demostrado que pueden mejorar su eficiencia, productividad y competitividad; de ahí que las empresas Mexicanas deban reforzar su esfuerzo en la adopción de las TIC para incrementar su competitividad y productividad.

Aunado a lo anterior, el alto entorno competitivo y globalizado hacen evidente la necesidad de que las empresas de todos los sectores y tamaños replanteen sus modelos de negocio, realicen ajustes en procesos productivos, buscando ofrecer productos y servicios de mayor valor agregado, soportado en la medida de lo posible en la incorporación efectiva de las TIC.

Así lo comenta la AMITI en su documento "Visión México 2020" (AMITI, CANIETI, & FMD, 2006): "hoy más que nunca se requiere consolidar acuerdos entre la industria y el Gobierno para desarrollar y realizar una agenda digital en coordinación con una agenda de competitividad e innovación. De tal forma que la iniciativa privada participe en esfuerzos como el de la inclusión digital de los mexicanos, así como en la creación de nuevos programas educativos y en el mantenimiento de redes escolares de salud y de otros servicios públicos".

## 1.2 Justificación

Evidencia más clara de los beneficios de la incorporación de las TIC en las empresas la se encuentra en el análisis de la pirámide de competitividad de IMCO, donde es evidente el potencial que tienen las TIC para detonar la competitividad de un país: "las TIC tienen una relación directa, positiva y contundente con la competitividad (correlación de 92 por ciento)" (citado en (AMITI, CANIETI, & FMD, 2006)). Siguiendo a AMITI (2006) incluso algunos especialistas afirman que el desarrollo de la industria de las TIC explica el 30 por ciento del crecimiento económico de Estados Unidos a partir de 1995. En el caso de México la contribución de las TIC a su crecimiento aún no alcanza estos niveles, pero no cabe duda que las TIC han probado ser clave en la modernización del quehacer de los ciudadanos, gobiernos y empresas de México.

En conclusión, la adopción de dichas tecnologías es condición necesaria para alcanzar mayores índices de productividad y competitividad. Sin lugar a dudas las TIC en cada una de las regiones y estados de nuestro país representan un factor decisivo para cambiar la forma de hacer negocios e integrar a los diferentes sectores para generar productos y servicios de valor agregado y en consecuencia elevar la productividad y competitividad.

En el documento de Visión México 2020 (AMITI, CANIETI, & FMD, 2006) se realizan una serie de recomendaciones, dentro de las cuales se destaca la siguiente: "desarrollar un acuerdo de Estado que establezca una agenda nacional para la competitividad, innovación y la adopción de Tecnologías de Información y Comunicaciones (TIC), que promueva la transición de México hacia la sociedad del conocimiento", y dentro de ella se hace necesario realizar diagnósticos de la realidad que guarda el nivel de adopción de las TIC sobre todo en las micro y pequeñas empresas, a nivel país y a nivel regiones, estados y/o municipios.

Considerando lo anteriormente expuesto, este estudio presenta un estudio realizado a empresas Micro, Pequeñas y Medianas (MPyME) de la ciudad de Durango, México, referente a su nivel de adopción y uso de TIC en sus actividades productivas y cómo las fuerzas competitivas de mercado pueden representar un factor impulsor, todo ello con la finalidad de conocer el grado de incorporación y uso de las TIC en las empresas Duranguenses, en sus procesos productivos, operativos y de negocio.

## 1.3 Objetivos

Caracterizar y analizar el nivel de incorporación y uso de las TIC en las PyME del municipio de Durango, México, en función de las cinco fuerzas competitivas de Mercado.

**Objetivos particulares:**

1. Caracterización de las empresas participantes en función de su nivel de incorporación y uso de las TIC.
2. Diagnóstico del nivel de incorporación y uso de las TIC en las PyME de la ciudad de Durango, con base al análisis de las fuerzas del mercado en la incorporación y uso de TIC: Poder de los proveedores, Poder de los consumidores, Productos sustitutos, Poder de los competidores, Entrada de nuevos competidores.

## 1.4 Pregunta de investigación

¿Cuál es el nivel de incorporación y uso de las TIC en la MPyME del municipio de Durango considerando las cinco fuerzas competitivas de mercado?

## 1.5 Alcances

Los alcances de este estudio se pueden resumir en los siguientes puntos respecto a las empresas seleccionadas (Tabla 1):

**Tabla 1 Alcances del trabajo de investigación**

| | |
|---|---|
| **Tamaño** | MPyME |
| **Región** | Municipio de Durango, Dgo., México |
| **Encuesta** | Basado en el cuestionario de diagnóstico tecnológico del sector minorista (España 2008), realizado por red.es |
| **Formato encuesta** | Aplicado de manera personal y en línea |
| **Periodo aplicado** | Años 2010-2012 |

## 1.6 Metodología

El enfoque de la investigación es deductivo, con un alcance de tipo transversal, utilizando como medio principal de obtención de datos la aplicación de una encuesta que fue aplicada por estudiantes del Departamento de Sistemas y Computación del Instituto Tecnológico de Durango. Las encuestas fueron capturadas en línea a través de una encuesta diseñada en la aplicación *LimeSurvey*. Posterior a la obtención de datos se realizó un análisis de los datos exploratorio y multivariado a través de las aplicaciones SPSS y *Weka*, respectivamente.

## 1.7 Organización del contenido

El documento está organizado de la siguiente manera: se analiza en primer lugar la importancia de la incorporación de las TIC en las organizaciones, tanto a nivel mundial como nacional y regional. Posteriormente se describe la encuesta aplicada para después realizar el análisis correspondiente, para finalmente presentar las conclusiones del estudio.

# Capítulo 2. Importancia de la integración de las TIC en las organizaciones

Para resaltar la importancia del sector TIC en México y el mundo, este apartado extrae algunos de los datos más relevantes presentados en el informe Visión México 2020 coordinado por la AMITI (Asociación Mexicana de Tecnologías de Información, CANIETI (Cámara Nacional de la Industria Electrónica, de Telecomunicaciones e Informática) y FMD (Fundación México Digital) (2006).

## 2.1 Definición de Tecnologías de Información y Comunicación

Las TIC es un término que contempla toda forma de tecnología usada para crear, almacenar, intercambiar y procesar información en sus varias formas, tales como datos, conversaciones de voz, imágenes fijas o en movimiento, presentaciones multimedia y otras formas incluyendo aquellas aún no concebidas. En particular las TIC están íntimamente relacionadas con computadoras, software y telecomunicaciones, y su objetivo principal es la mejora y el soporte a los procesos de operación y negocios para incrementar la competitividad y productividad de las personas y organizaciones en el tratamiento de cualquier tipo de información (AMITI, CANIETI, & FMD, 2006).

## 2.2 Sobre el estudio Visión México 2020

El informe Visión México 2020 es un documento que fue elaborado por la AMITI, CANIETI y FMD, publicado en el año 2006. Se eligió por ser un estudio que ha sido la suma del trabajo realizado por un grupo multidisciplinario de organizaciones, consultores expertos, funcionarios públicos, miembros del sector TIC y la academia. Para la obtención de la información de dicho documento se consultaron amplios sectores industriales, sobre todo del sector TIC así como del Gobierno, academia y sociedad civil, cuyo contenido está orientado a servir como un documento de apoyo para la generación de estrategias basadas en el uso de las TIC para incrementar la competitividad de México. El documento recoge dentro de sus diversas secciones información sobre la situación de la competitividad en México, un diagnóstico sobre la adopción de TIC en México, una visión de México para el año 2020 y los pasos para alcanzar dicha visión.

El estudio resalta que se debe reforzar la industria TIC para adoptar Tecnologías de Información a la medida y revertir así las tendencias de la competitividad. Algunas de las ventajas competitivas para potenciar la industria TIC en México son: ser el país más grande de habla hispana en el mundo, la cercanía con Estados Unidos, compartir el mismo lenguaje y costumbres de una gran parte de la población de ese país y contar con *clusters* de tecnología de alto valor agregado, además de mano de obra altamente capacitada que compite en los mercados más sofisticados.

Así de acuerdo a las conclusiones obtenidas en el estudio, para alcanzar la visión 2020 se deben implementar las cinco recomendaciones generales siguientes:

1. Desarrollar un acuerdo de Estado que establezca una agenda nacional para la competitividad, innovación y la adopción de las TIC, que promueva la transición de México hacia la sociedad del conocimiento.
2. Asegurar que el Gobierno Federal actúe como agente de cambio, vía la adopción temprana y eficiente de TIC, impulsando la competitividad de la economía y mejorando el bienestar de los mexicanos.
3. Contar con un Gobierno que fomente el desarrollo del sector TIC para que ocupe un espacio significativo en la economía y sea uno de los principales motores del crecimiento económico.
4. Crear un Gobierno eficaz y eficiente cuyos servicios públicos sean de clase mundial, vía la adopción de TIC.
5. Tener un Gobierno que desarrolle un marco regulatorio que fomente el desarrollo y la inversión del sector TIC y garantice la inclusión digital de la población.

Es imprescindible proteger los esfuerzos que han probado ser exitosos y crear otros para promover la adopción de TIC. Éste es quizá el camino más importante para revertir la pérdida de la competitividad del país y mejorar el bienestar de los mexicanos en el corto y mediano plazo.

## 2.3 La importancia de las TIC en el sector empresarial a nivel mundial

Las TIC son un factor decisivo para cambiar la forma de hacer negocios e integrar a los diferentes sectores en redes de valor. Incluso, las empresas que más beneficios derivan de las TIC lo hacen reorganizando sus actividades y procesos de negocios en torno a la tecnología. En este sentido, la correlación del índice de competitividad medido por el IMCO (Instituto Mexicano para la Competitividad) y el subíndice de tecnologías de la información del WEF(*World Economic Forum*) muestra una correlación del 92 por ciento para los 45 países (con datos del año 2004) utilizando una muestra de cinco años. Esto a pesar de que el IMCO no incluye a las TIC como uno de sus 10 factores de competitividad. En este punto surge la pregunta ¿Qué se entiende por competitividad? No existe consenso sobre cómo definir la competitividad. Actualmente hay varias definiciones del concepto, algunas de las más importantes son:

- "Un país competitivo es aquél que presenta altos grados de crecimiento sostenido del PIB per cápita" (*World Economic Forum*).
- "La competitividad de un país radica en la habilidad de éste para crear y mantener un clima que permita competir a las empresas que radican en él" (IMD, Laussane).
- "La competitividad de un país es el grado en el que una nación puede, bajo libre comercio y condiciones justas de mercado, producir bienes y servicios que cubren las exigencias de los mercados y a la vez mantienen y expanden los ingresos reales de su gente en el largo plazo" (OCDE).
- "Un país es más competitivo cuando, consistentemente, exporta bienes antes que los demás" (Universidad de California, Berkeley).

La mayoría de las definiciones mencionadas anteriormente reflejan las circunstancias competitivas y preocupaciones de las economías más desarrolladas. Por ello, no siempre concuerdan con definiciones que realzan los retos que enfrentan las economías en vías de desarrollo. Por este y otros motivos, el IMCO adoptó una definición que pone el foco en el principal reto que enfrentan las economías en desarrollo. IMCO define competitividad como: "la capacidad de un país para atraer y retener inversión".

La definición en cuestión subraya la importancia que tiene para los países en desarrollo ofrecer condiciones aceptables que permitan maximizar el potencial socioeconómico de las personas y de las empresas y, al mismo tiempo, incrementar su nivel de bienestar más allá de las posibilidades intrínsecas que ofrecen sus propios recursos y capacidades tecnológicas, independientemente de las fluctuaciones económicas. De acuerdo con la definición del IMCO, la competitividad tarde o temprano se reflejará en mayores flujos de inversión, y por medio de ella en mayores y mejores oportunidades de empleo y producción. Hasta este punto se deriva una segunda pregunta: ¿Cómo se mide la competitividad? Así como hay distintas formas de definir la competitividad, existen diferentes metodologías para medirla.

Así, el Foro Económico Mundial (WEF) y el *Institutefor Management and Development* (IMD) utilizan métodos que mezclan datos duros con percepciones provenientes de encuestas que se realizan a empresarios de distintos países. Las encuestas sirven para recoger las opiniones de los inversionistas que, a la vez, dan una idea actual sobre la opinión que tienen ellos de la situación competitiva de los países. Si bien permiten reflejar el juicio de los empresarios sobre la situación actual de los países, tienden a tener una conducta volátil e inestable. Lo anterior es su mayor virtud y debilidad, puesto que aunque permiten incorporar las perspectivas del momento, tienden a magnificar la importancia de cuestiones coyunturales, más allá de lo que es conveniente para desarrollar políticas públicas de largo plazo.

En el caso de IMCO se utilizó una metodología a través de la cual se creó un índice de datos de una muestra de 45 países para un periodo de cinco años. Las variables que utilizó están agrupadas en 10 subíndices. Cada uno de estos subíndices pretende objetivar la situación que guarda un aspecto crítico de la oferta competitiva de los 45 países. Los datos permiten analizar la relación entre los diversos factores que definen la competitividad de un entorno y las inversiones que se hacen en los países.

El IMCO estimó un modelo econométrico que muestra que hay una relación estadísticamente significativa y positiva entre los 10 subíndices o factores de competitividad que definió y el nivel de inversiones que se hace en los países por persona que participa en la fuerza de trabajo (PEA). Su modelo muestra que una mejora en la competitividad de cualquiera de los subíndices se traduce en inversiones por persona económicamente activa más altas. Además, al basarse en un modelo econométrico causal, el método de IMCO permite establecer las ponderaciones relativas de cada uno de los 10 factores de competitividad (para más información sobre la construcción del índice de IMCO consultar en: www.imco.org.mx).

A pesar que la metodología de IMCO es original y diferente de la aplicada por otras instituciones, los resultados que obtuvo apuntan en direcciones similares a las de otros índices de competitividad. La correlación con el índice del IMD es superior a 0.85, para la misma muestra de países, mientras que en el caso del WEF la correlación es aún mayor (0.95) para la misma muestra de países, usando datos de 2004. En conclusión, los factores de competitividad del método de MCO definen y precisan la competitividad a partir de los 10 factores que se ilustran en la figura siguiente:

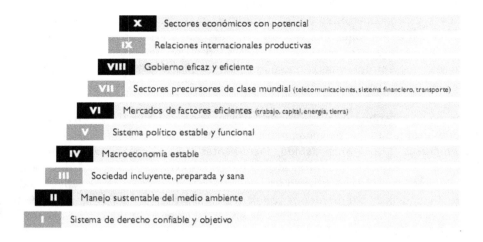

**Ilustración 1 Factores de Competitividad IMCO**
Fuente: (AMITI, CANIETI, & FMD, 2006)

La Ilustración 1 muestra los factores que IMCO definió en su análisis de la competitividad del país. Los resultados que obtuvo en su ejercicio de medición muestran que cada uno de los 10 factores de competitividad, que midió vía subíndices, tiene una relación con el nivel de inversión por PEA (población económicamente activa) de los países.

Cada uno de los 10 factores de competitividad es significativo, ninguno es suficiente para establecer un ambiente de alta competitividad. Por ejemplo, un país que tiene una situación de estado de derecho poco confiable y objetivo (factor 1) no desarrollará un alto nivel de competitividad. Lo anterior no quiere decir que este factor sea el único a desarrollar, ni siquiera significa que sea el más importante o el de mayor peso, sino que es indispensable para ser altamente competitivo. En el estudio "Hacia un pacto de competitividad" se comprobó que todos los factores son significativos y afectan de forma similar los movimientos hacia estadios más altos de competitividad.

Considerando lo anterior, la relación entre adopción de las TIC con competitividad es clara y evidente. No importa si se refiere a países desarrollados o en vías de desarrollo, en ambos casos se muestra que las TIC son un factor que impulsa la competitividad de las economías. Una manera de ver esto es examinando la relación que existe entre el índice general de competitividad del IMCO y el subíndice de tecnología del Foro Económico Mundial para la lista de 45 países que aparecen en ambos índices, y que incluye sociedades desarrolladas y en vías de desarrollo. Como se había mencionado antes, la correlación entre ambos indicadores de variables es de 0.92. Lo anterior muestra que entre más alto sea el subíndice con el cual se evalúa la situación de las TIC, más competitivos son los países (ver Ilustración 2).

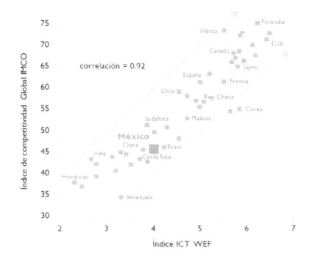

**Ilustración 2 Competitividad global y TIC**
Fuente: IMCO, con datos de WorldEconomicForum, 2003 citado en (AMITI, CANIETI, & FMD, 2006)

El subíndice de TIC del WEF ordena a los países en función de variables cualitativas y cuantitativas que evalúan la cobertura, calidad y uso de las Tecnologías de Información en la población, considerando también la prioridad que ocupa la promoción de programas gubernamentales en la agenda de políticas públicas. Por el contrario, el ranking de competitividad del IMCO no establece ningún subíndice específico para medir el aprovechamiento de las tecnologías, ya que los autores de este índice ven a la tecnología como un aliado indispensable para obtener un buen desempeño en cualquiera de los otros subíndices con los cuales se determina la competitividad de los países.

Lo anterior demuestra que independiente de la metodología que se utilice para medir la competitividad, la relación entre el uso y aprovechamiento de las TIC es fuerte, lo que evidencia que para ser competitivo se tiene que ir a la punta en el aprovechamiento de las TIC. La alta correspondencia estadística entre ambas variables confirma la noción de que los países más competitivos son también los más avanzados en la adopción y cobertura de TIC o alternativamente que éstas son determinantes e indispensables para avanzar en lo que se refiere a competitividad.

De hecho, muchos especialistas han logrado mostrar que hay una estrecha relación entre el crecimiento de la industria de las TIC y el desempeño económico de los países. Estudios especializados muestran que las TIC explican el 30 por ciento del crecimiento económico de Estados Unidos a partir de 1995, y el 50 por ciento del crecimiento económico de Corea desde el 2000.

Son muchos los estudios que han medido el impacto de las TIC en la economía. La gran mayoría concluye a través de distintas metodologías, que las TIC contribuyen de manera importante al crecimiento económico. Sin embargo, no sólo se requiere adoptar la tecnología, sino hacer inversiones en la capacitación y cambios en organización de las empresas para poder capturar los beneficios integrales que se expresan vía aumentos en la productividad de los factores.

Además, estos estudios también muestran que las mejoras de productividad toman tiempo en manifestarse y dependen del nivel de desarrollo y eficiencia con los que ya opera cada país. Al respecto, un estudio econométrico que midió el impacto de la banda ancha en los condados de Estados Unidos, concluyó que de 1999 a 2002 los condados que crecieron más rápido en empleo, negocios y en su sector TIC, fueron precisamente aquéllos que invirtieron en redes de banda ancha. Adicionalmente, no sólo se encontró una relación fuerte entre estas variables, sino se observó que incluso los precios de las propiedades son más altos en lugares donde hay y se aprovecha más la banda ancha.

Con la evidencia anterior se demuestra que la incorporación de las TIC es un factor determinante para incrementar la productividad y competitividad de las empresas, y en consecuencia de una región y de un país entero.

## 2.4 Las TIC como fuerza impulsora de la competitividad empresarial en México

Las TIC son grandes habilitadoras de competitividad, ya que mejoran la eficiencia de todos los factores de producción, además de permitir nuevas formas de organización y mayor transparencia e información en cualquier proceso. Es importante resaltar que la adopción de TIC no es condición suficiente para detonar los cambios en productividad que permitirán al país revertir la tendencia negativa de la competitividad. Se requiere de una nueva gestión de los negocios, liderazgo y mayores capacidades para potenciar el uso de la tecnología; de lo contrario, se podría presentar una "paradoja de productividad" como en los años noventa, donde las inversiones en TIC no rindieron los frutos esperados. Es importante no perder de vista que la competitividad se refiere a la capacidad de un país para atraer y retener inversiones.

En el caso de México su situación competitiva, medida con base en cada uno de los indicadores de IMCO, muestra que el país dista mucho de lograr estándares de competitividad en cualquiera de los 10 subíndices. Además, no está entre los primeros diez países en ninguno de los factores de competitividad. Su mejor calificación la obtiene en la situación que guardan sus relaciones internacionales e incluso, en este caso, obtiene una calificación mediana. En cambio, en dos de los subíndices –Manejo sustentable del medio ambiente y Mercados de factores de producción eficientes- está entre los tres países de peor desempeño competitivo. La situación de los mercados de factores de producción confirma la importancia que le dio el gobierno del presidente Fox a la búsqueda de reformas para el mercado laboral y el sector energético. En suma, el Índice Internacional de México y el análisis de IMCO ratifican que México requiere instrumentar acciones de todo tipo para mejorar su situación competitiva actual.

El interés por medir la competitividad de los países ha dado como resultado distintos índices como el del Foro Económico Mundial (WEF) el Instituto de Negocios de Laussane (IMD) y, recientemente, el del Instituto Mexicano para la Competitividad (IMCO). Estos índices no sólo permiten comparar las condiciones en que operan las empresas en diversos entornos, sino que son un barómetro de la efectividad de las políticas públicas de los gobiernos. Estas medidas también son útiles para los principales actores de la economía, ya que permiten detectar aspectos económicos y de bienestar social que no son atendidos. Por esta razón, la medición de la competitividad es esencial para los agentes económicos y los gobiernos del mundo, y México no es la excepción.

Tener la ubicación de México con relación a sus principales competidores y socios comerciales es un primer paso para entender dónde se encuentra el país y cuáles son los factores que inhiben su competitividad. Sin embargo, también es importante entender hacia dónde se están moviendo los demás países y cómo va México en esta carrera por la competitividad.

La principal razón de posición que ocupa México a nivel competitivo, radica en la baja eficiencia en el uso de los factores de producción y el pobre desempeño que se tiene en algunos de los 10 factores que definen la competitividad del país. Destacan los resultados pobres del país en varias dimensiones. Son especialmente insuficientes los resultados que se obtienen en el subíndice de estado de derecho, también en el de sociedad incluyente preparada y sana, esto es, el que mide la situación del capital humano del país, así como el de mercados de factores de producción (energéticos, mano de obra, capital y tierras), sectores precursores (transporte, telecom y sistema financiero) y medio ambiente.

En lo que respecta a la incorporación de las TIC y su relación con la productividad y la competitividad, algunos especialistas afirman que el desarrollo de la industria de las TIC explica el 30% del crecimiento económico de Estados Unidos a partir de 1995. La contribución de las TIC al crecimiento de México probablemente aún no alcanza estos niveles, pero no cabe duda que las TIC han probado ser clave en la modernización del quehacer de los ciudadanos, gobiernos y empresas. En suma, la adopción de dichas tecnologías es condición necesaria para alcanzar mayores índices de productividad y competitividad.

Considerando lo anteriormente expuesto, y para describir de una mejor manera la importancia que guarda la incorporación de las TIC como medio para alcanzar mayores índices de productividad y competitividad la Ilustración 3 muestra la posición de México en el índice general de competitividad de acuerdo con el IMCO, donde se ocupa el lugar 31 de las 45 economías que se incluyeron en su análisis.

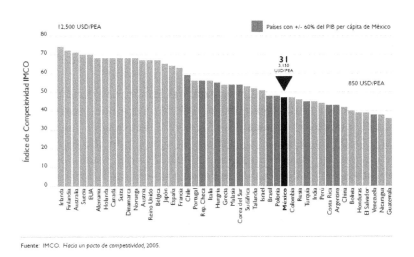

**Ilustración 3 Índice general de competitividad IMCO**

Fuente: (AMITI, CANIETI, & FMD, 2006)

Así, de acuerdo a las conclusiones planteadas en el documento Visión México 2020, el primer paso para resolver los problemas actuales es plantear una visión a futuro. La lógica de esta visión es lograr que México sea un país conectado mediante el uso de TIC, enfocando principalmente esfuerzos de incorporación de las TIC en torno al ciudadano, de tal manera que se puedan crear condiciones para que México sea un país cuyos individuos participen vía las TIC en la toma de decisiones económicas, políticas, sociales y culturales, y trabajen en empresas y gobiernos innovadores, eficientes e inteligentes.

Surge finalmente la pregunta: ¿Por qué México se ubica en la posición 31 de competitividad? La principal razón de esta posición radica en la baja eficiencia en el uso de los factores de producción y el pobre desempeño que se tiene en algunos de los 10 factores que definen la competitividad del país. Para resolverlos se requieren grandes esfuerzos, disciplinados y sostenidos a lo largo de varios años, y aun así quedará mucho todavía por hacer; la experiencia de otros países ejemplifica que muchos de estos retos se puedan encarar con mayor eficacia, oportunidad y eficiencia adoptando e incorporando las TIC para su resolución.

## 2.5 La importancia de las TIC en el sector empresarial en Durango

Abordada la importancia de la incorporación y uso de las TIC a nivel mundial y a nivel México, en este apartado se presenta en el ámbito del estado de Durango, México. Antes de dar inicio a el tema de la importancia de las TIC en el sector empresarial del Estado de Durango, a continuación una breve descripción general sobre este: Tiene una superficie territorial de 123,181 Km$^2$ y representa el 6.3% de la superficie del país. Colinda con los estados de Chihuahua, Coahuila, Zacatecas, Nayarit y Sinaloa. Según los datos que arrojó el Censo de Población y Vivienda realizado por el Instituto Nacional de Estadística y Geografía (INEGI) con fecha censal del 12 de junio de 2010, el estado de Durango cuenta con un total de 1,632,934 habitantes, de dicha cantidad, 803,890 son hombres y 829,044 mujeres. Dentro de las principales actividades económicas se destaca el sector minero, forestal y agrícola. Los resultados de los Censos Económicos 2009 dan cuenta de 72,538 unidades económicas existentes en el Estado de Durango, las cuales ocuparon a 368,503 personas (INEGI, 2009). El personal ocupado total para el 2008 fue de 235,909 personas, 8.9% más que en el 2003. El 81.7% del personal ocupado del Estado de Durango se concentró en tres municipios: Durango (44.1%, con 31,989 unidades económicas), Gómez Palacio (32.3%) y Lerdo (5.3%).

En el caso del municipio de Durango, es la capital del Estado. La población económicamente activa (PEA) del municipio de Durango, es de 148,902 cifra que representa el 30% de la población total del municipio; destacan las siguientes actividades: agricultura, ganadería, minería e industria. 40,920 personas se dedican al sector primario (agricultura, ganadería, silvicultura, caza y pesca), que representan el 27.48% del total de la PEA (Población económicamente activa). 37,245 personas se dedican al sector secundario (minería, extracción de petróleo y gas, industria manufacturera, electricidad, agua y construcción), que representan el 25.01% del total de la PEA. 70,741 personas se dedican al sector terciario (comercio, transportes, gobierno y otros servicios), que representan el 47.50% del total de la PEA (consultado en http://www.municipiodedurango.gob.mx - Febrero 2011).

En lo referente al tema de la importancia que se ha brindado a la incorporación de las TIC en el ámbito empresarial y gubernamental del Estado de Durango se destacan las acciones que desde el año 2009 la Secretaría de Desarrollo Económico (SEDECO) del Estado de Durango, México, en coordinación con la Secretaría de Economía Delegación Durango (SE), la Confederación Patronal

Mexicana (COPARMEX) en Durango y el Consejo Coordinador Empresarial, han dado a este punto, una de las acciones que se destacan es el programa "Durango Innova" con el propósito de generar innovación, desarrollo tecnológico y competitividad de las empresas y con ello elevar las expectativas de vida de las familias duranguenses. El programa "Durango Innova" está diseñado para generar proyectos que representen competitividad y alto impacto, además de satisfacer las necesidades del mercado global. En una primera etapa los empresarios interesados reciben asesoría personalizada, evaluación de proyectos en cada una de sus etapas e implementación del proyecto en el mercado por un lapso de tres meses.

Para lo antes mencionado, se lleva a cabo un modelo de negocio, el desarrollo de prototipos, retroalimentación del mercado, búsqueda de proveedores, negociaciones y lanzamiento del producto innovador en mercado, bajo un esquema de inversión mínima, alto impacto económico y de fácil implementación. En tal sentido, los empresarios que deseen participar en este programa crearán un portafolio de innovación para sus proyectos, analizar la implementación de nuevos procesos a través de las nuevas tecnologías que generen un valor agregado a la empresas, para que sean más productivas y por ende competitivas en los mercados local, regional, nacional e internacional.

En la búsqueda de información relacionada con la incorporación y uso de las TIC en la MPyME del estado y municipio de Durango se ha encontrado que la información es escasa, con lo cual el presente proyecto se convierte en un área de oportunidad para realizar una aproximación a la situación que guarda la incorporación y uso de las TIC en la MPyME Duranguense.

# Capítulo 3. Minería de datos

En este capítulo se describe y ejemplifica de manera general el uso de la minería de datos, temas relevantes que se incluyen en el libro Data Mining Practical Machine Learning Tools and Technique (Ian H. Witen, 2011).

Las técnicas de *Data Mining* son el resultado de un largo proceso de investigación y desarrollo de productos. Esta evolución comenzó cuando los datos de negocios fueron almacenados por primera vez en computadoras, y continuó con mejoras en el acceso a los datos, y más recientemente con tecnologías generadas para permitir a los usuarios navegar a través de los datos en tiempo real.

- Ejemplo 1: Los humanos de fertilización in vitro consisten en recoger varios óvulos de los ovarios de una mujer, que, después de la fertilización con esperma de la pareja o de un donante, producen varios embriones. Algunos de éstos se seleccionan y se transfieren al útero de la mujer. El reto es para seleccionar a los "mejores" embriones para utilizar los que tienen más probabilidades de sobrevivir. La selección se basa en cerca de 60 funciones grabadas de la caracterización de sus embriones y morfología, los ovocitos, y el folículo, y la muestra de esperma. El número de características es lo suficientemente grande como para que sea difícil para un embriólogo, para evaluar todos ellos simultáneamente y correlacionar datos históricos con el resultado crucial de si ese embrión hizo o no hizo lugar a un niño vivo. En un proyecto de investigación en Inglaterra, de aprendizaje automático se ha investigado una técnica para hacer la selección, utilizando un registro histórico de embriones y sus resultados como datos de entrenamiento.
- Ejemplo 2: Cada año, los productores de leche en Nueva Zelanda tienen que tomar una decisión empresarial difícil: de retener las vacas en su rebaño y que vender a un matadero. Típicamente, una quinta parte de las vacas en un rebaño lechero se sacrifican cada año cerca del final de temporada de ordeña, ya que disminuyen las reservas de alimento. Cada cría de vaca y la historia de la producción de leche influyen en esta decisión. Otros factores incluyen la edad (una vaca se acerca al final de su vida productiva a los ocho años), problemas de salud, antecedentes de parto difícil, indeseable rasgos del temperamento (patear o saltar vallas), y no estar embarazada de becerro para la siguiente temporada. Cerca de 700 atributos para cada uno de varios millones de vacas tiene registrado en los últimos años. El aprendizaje automático se ha investigado como una forma de determinar qué factores son tenidos en cuenta por el éxito de los agricultores, por no automatizar la decisión, sino para propagar sus conocimientos y experiencia a los demás.

## 3.1 Minería de datos y aprendizaje automático

Actualmente estamos abrumados con datos. La cantidad de datos en el mundo y en nuestras vidas parece cada vez más y no hay final a la vista. Computadoras omnipresentes hacen que sea demasiado fácil para guardar cosas que antes estaría solo en papel. Discos de bajo costo y almacenamiento en línea que son demasiado fácil para posponer las decisiones sobre qué hacer con todo estas cosas, simplemente conseguir más memoria y quedarse con todo. Electrónica presente para grabar nuestras decisiones, nuestras opciones en el supermercado, nuestros hábitos financieros, nuestras idas y venidas. La *World Wide Web* (WWW) nos abruma con la información, por su parte, cada elección que hacemos es registrada. Y todas estas son opciones personales, sólo tienen homólogos innumerables en el mundo del comercio y la industria. Podríamos todos dar testimonio de la creciente brecha entre la generación de los datos y el conocimiento de la misma. A medida que el volumen de datos aumenta, inexorablemente, la proporción de lo que la gente comprende disminuye alarmantemente. Este tema trata sobre la búsqueda de patrones en los datos. No hay nada nuevo en esto.

El ser humano ha estado buscando patrones en los datos desde tiempos ancestrales. Los cazadores buscan los patrones de comportamiento de los animales de migración, los agricultores buscan patrones en el crecimiento del cultivo, los políticos buscar patrones en la opinión de los votantes, y los amantes de buscar patrones en sus miembros: respuestas. El trabajo de un científico es de dar sentido a los datos, para descubrir los patrones que rigen el funcionamiento del mundo físico y encapsular ellos en las teorías que se puede utilizar para predecir lo que sucederá en situaciones nuevas. El trabajo del empresario es identificar las oportunidades, es decir, los patrones de comportamiento que pueden ser convertidos en un negocio rentable y explotarlas.

En la minería de datos, los datos se almacenan electrónicamente y la búsqueda está automatizado, o al menos aumentada por ordenador. Aunque esto no es particularmente nuevo. Los economistas, estadísticos, meteorólogos e ingenieros de la comunicación han trabajado durante mucho tiempo con la idea de que los patrones en los datos se pueden buscar de forma automática, identificar, validar y utilizar para la predicción. Lo que es nuevo es el espectacular aumento de las oportunidades de encontrar patrones en los datos.

El crecimiento desenfrenado de las bases de datos en los últimos años, las bases de datos para tales actividades cotidianas como opciones del cliente, aporta la minería de datos a la vanguardia de la nuevas tecnologías de negocios. Se ha estimado que la cantidad de datos almacenados en bases de datos del mundo se duplica cada 20 meses, y aunque sería sin duda difícil justificar esta cifra en un sentido cuantitativo, que todos pueden relacionarse con el ritmo de crecimiento cualitativamente. A medida que el flujo de datos se hincha y máquinas que pueden realizar la búsqueda se han vuelto frecuentes. Como el mundo crece en complejidad, nos agobia con los datos que genera, los datos de minería se convierten en nuestra única esperanza para elucidar patrones ocultos. Inteligentemente analizado datos es un recurso valioso. Puede conducir a nuevos conocimientos y, en establecimientos comerciales, a las ventajas competitivas.

La minería de datos se trata de resolver los problemas mediante el análisis de los datos ya existentes en bases de datos. Supongamos, por tomar un ejemplo muy gastado, el problema es lealtad de un cliente en un mercado altamente competitivo. Una base de datos da elecciones de los clientes, a lo largo con perfiles de clientes, es la clave de este problema. Los patrones de comportamiento de los clientes se pueden analizar para identificar las características distintivas de las que es probable para cambiar los productos y las probabilidades de permanecer leal. Una vez que tales características se encuentran, se pueden poner a trabajar para identificar a posibles nuevos clientes. Este grupo puede ser objeto de un tratamiento especial, el tratamiento demasiado costoso aplicar a la base de clientes como un todo. Más positivamente, las mismas técnicas pueden usarse para identificar a los clientes que podrían ser atraídos a otro servicio que la empresa proporciona, una que no está actualmente disfrutando, dirigirse a ellos con las ofertas especiales que promueve este servicio.

La minería de datos se define como el proceso de descubrimiento de patrones en los datos. El proceso debe ser automático o (más habitualmente) semiautomático. Los patrones descubiertos deben tener sentido en que conducen a alguna ventaja, por lo general de carácter económico. El dato está invariablemente presente en cantidades sustanciales.

¿Y cómo se expresan los patrones? Patrones de interés nos permitirá hacer triviales predicciones sobre nuevos datos. Hay dos extremos para la expresión de un patrón: como un cuadro negro cuyas entrañas son realmente incomprensibles, y como una caja transparente, cuya construcción revela la estructura del patrón. Ambos, suponemos, hacen buenas predicciones. La diferencia es si o no los patrones que se extraen se representan en términos de una estructura que puede ser examinada, sobre motivada, y utilizada para informar las decisiones futuras. Tales patrones que llamamos estructural, ya que capturar la estructura de decisión de manera explícita. En otras palabras, ayudan a explicar algo acerca de los datos.

### 3.1.1 *Machine Learning*

¿Qué es el aprendizaje? ¿Qué es el aprendizaje de las máquinas? Estos son preguntas filosóficas, nuestro énfasis está firmemente en la práctica. El diccionario define "a aprender" como:

- Adquirir el conocimiento de algo por medio del estudio, la experiencia, o enseña.
- Tomar conciencia de la información o de la observación
- Comprometer a la memoria
- Ser informado o para determinar
- Para recibir instrucción

Estos significados tienen algunas limitaciones cuando se trata de hablar sobre las computadoras Para los dos primeros, es prácticamente imposible comprobar si el aprendizaje se ha logrado o no. ¿Cómo saber si una máquina tiene conocimiento de algo? Usted probablemente no puede hacer las preguntas, incluso si pudiera, no estaría probando su capacidad de aprender, pero su capacidad para responder a las preguntas. ¿Cómo saber si tiene que tomar conciencia de algo? Toda la cuestión de si las computadoras pueden ser conscientes o inconscientes, es una cuestión filosófica en llamas.

En cuanto a los últimos tres significados, aunque podemos ver lo que denotan en términos humanos, sólo su memoria y recibiendo instrucción parecen caer muy por debajo de lo que podríamos decir con aprendizaje automático. En su lugar, estamos interesados en las mejoras en el rendimiento, o al menos en el potencial de rendimiento, en situaciones nuevas. Usted puede memorizar algo o ser informado de algo por el aprendizaje de memoria sin ser capaz de aplicar los nuevos conocimientos a nuevas situaciones. En otras palabras, usted puede recibir instrucción sin beneficiarse de ello en absoluto.

Anteriormente se ha definido operacionalmente la minería de datos, ya que el proceso de descubrimiento de patrones, de forma automática o semiautomática, en grandes cantidades de datos y los patrones debe ser útil. Una definición operacional se puede formular de la misma manera para el aprendizaje: aquello que hay que aprender cuando algo cambia su comportamiento de una manera que los hace realizar actividades de una manera major en el futuro. Esto se relaciona con el rendimiento de aprendizaje en lugar de conocimiento. Puede probar el aprendizaje observar el comportamiento presente y comparándolo con el comportamiento pasado. Esta es una forma mucho más especie objetivo de la definición y parece ser mucho más satisfactorio.

Pero todavía hay un problema. El aprendizaje es un concepto bastante resbaladizo. Un montón de cosas cambian su comportamiento de manera que rindan mejor en el futuro, sin embargo, no quiere decir que se han aprendido. Un buen ejemplo es un confortable zapato deportivo. ¿Ha aprendido la forma de tu pie? Ciertamente ha cambiado su comportamiento para hacer que funcione mejor como un zapato deportivo! Sin embargo, casi no se desea llamar este aprendizaje. En el lenguaje cotidiano, a menudo utilizamos la palabra para referirse a la formación de un tipo sin sentido de aprendizaje. Formamos a los animales e incluso plantas, aunque sería estirando la palabra un poco para hablar de los objetos de formación como zapatos deportivos, que no son en cualquier sentido vivo. Pero el aprendizaje es diferente. Aprender implica pensamiento y propósito. Algo que aprende tiene que hacerlo intencionalmente. Pero eso no quiere decir que una viña ha aprendido a crecer alrededor de un enrejado en un viñedo, diríamos que ha sido entrenado. Aprender sin fin no es más que la formación. O, más concretamente, en aprender el propósito es el de aprendiz, mientras que en la formación, es del profesor.

### 3.1.2 Data Mining

Minería de datos es un tema que involucra el aprendizaje en un sentido práctico, no teórico. Está interesada en las técnicas para encontrar y describir patrones estructurales en los datos, como herramienta para ayudar a explicar los datos y hacer predicciones a partir de ella. Los datos se llevarán a la forma de un conjunto de ejemplos, tales como los clientes que han cambiado sus lealtades, por ejemplo, o situaciones en las que ciertos tipos de lentes de contacto pueden ser prescritos.

La salida toma la forma de predicciones acerca de nuevos ejemplos de una predicción si un cliente determinado se cambiará o será una predicción de qué tipo de lente prescribir, en determinadas circunstancias. Pero debido a que este tema es acerca de encontrar y describir patrones en los datos, la salida también puede incluir una descripción real de una estructura que se puede utilizar para clasificar ejemplos desconocidos. Además de la actuación, es útil para suministrar una representación explícita de los conocimientos que se adquiere. En esencia, esto refleja las dos definiciones de aprendizaje considerado anteriormente: la adquisición del conocimiento y la capacidad para usarlo. Muchas de las técnicas de aprendizaje buscan descripciones estructurales de lo que se aprende y descripciones que pueden llegar a ser bastante complejo y se expresan típicamente como conjuntos de reglas. Debido a que puede ser entendido por personas, estas descripciones sirven para explicar lo que se ha aprendido en otras palabras, para explicar la base para nuevas predicciones.

La experiencia muestra que en muchas aplicaciones de aprendizaje de máquina para minería de datos, las estructuras de conocimiento explícito que se adquieren, las descripciones estructurales, son por lo menos tan importantes como la capacidad de realizar bien en nuevos ejemplos. Personas con frecuencia utilizan la minería de datos para obtener conocimiento, no sólo predicciones.

## 3.2 Ejemplos simples de minería de datos: El clima y otros problemas

Otro problema con la vida real son los conjuntos de datos que son a menudo de propiedad. Nadie va a compartir su base de datos de clientes y elección del producto con otros para que puedan comprender los detalles de la aplicación de minería de datos y cómo funciona. Los datos de la empresa es un activo valioso, cuyo valor ha aumentado enormemente con el desarrollo de técnicas de minería de datos.

### 3.2.1 El problema del tiempo

El problema del tiempo es un conjunto de datos pequeño que se va a utilizar para ilustrar métodos de aprendizaje automático. Totalmente ficticia, que supuestamente se refiere a las condiciones que son adecuados para practicar algún juego no especificado.

| Outlook | Temperature | Humidity | Windy | Play |
|---|---|---|---|---|
| Sunny | hot | high | false | no |
| Sunny | hot | high | true | no |
| Overcast | hot | high | false | yes |
| Rainy | mild | high | false | yes |
| Rainy | cool | normal | false | yes |
| Rainy | cool | normal | true | no |
| Overcast | cool | normal | true | yes |
| Sunny | mild | high | false | no |
| Sunny | cool | normal | false | yes |
| Rainy | mild | normal | false | yes |
| Sunny | mild | normal | true | yes |
| Overcast | mild | high | true | yes |
| Overcast | hot | normal | false | yes |
| Rainy | mild | high | true | no |

**Ilustración 4 Atributos**

(Ian H. Witen, 2011)

En general, las instancias de un conjunto de datos se caracterizan por los valores de características, o atributos, que miden diferentes aspectos de la instancia. En este caso hay cuatro atributos: pronóstico, la temperatura, humedad y viento. El resultado es si jugar o no. En su forma más simple, se muestra en la Ilustración 4, los cuatro atributos. El pronóstico puede ser soleado, nublado, o lluvioso; la temperatura puede ser caliente, templado o frío, la humedad puede ser alto o normal y con viento puede ser verdadera o falsa. Esto crea 36 combinaciones posibles (3 × 3 × 2 × 2 = 36), de 14 que están presentes en el conjunto de ejemplos de entrada.

Un conjunto de reglas aprendidas de esta información, no necesariamente un muy buen uno podría tener este aspecto:

- Si Pronóstico = soleado y humedad = Alta entonces jugar = no
- Si Pronóstico = lluvioso y ventoso = si entonces el juego = no
- Si panorama nublado = entonces el juego = si
- Si la humedad = normal luego jugar = si
- Si nada de lo anterior y luego jugar = si

Estas reglas están destinados a ser interpretados en orden: el primero, y luego, si no aplica, la segunda, y así sucesivamente. Un conjunto de reglas que están destinados a ser interpretados en secuencia se llama una lista de decisiones. Las reglas clasifican correctamente todos los ejemplos de la Ilustración 5, mientras que consideradas individualmente, fuera de contexto, algunas de las reglas son incorrectas. El significado de un conjunto de normas depende de cómo se interpreta.

En la forma ligeramente más complejo se muestra en la Ilustración 5, dos de los atributos temperatura y humedad para tener valores numéricos. Esto significa que cualquier esquema de aprendizaje debe crear desigualdades que implican estos atributos en lugar de simples tests de igualdad.

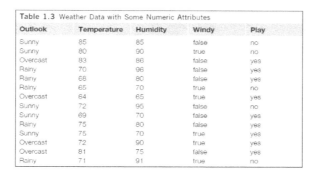

**Ilustración 5 Atributos, Temperatura y Humedad**

(Ian H. Witen, 2011)

Esto se llama un problema numérico en este caso, un problema de atributo mixto porque no todos los atributos son numéricos. Ahora, la primera regla dada anteriormente puede tomar la forma: Si pronostico = soleado y humedad> 83 entonces el juego = no

Un proceso un poco más complejo se requiere para llegar a reglas que implican pruebas numéricas. Las reglas que hemos visto hasta ahora son las reglas de clasificación: Predicen la clasificación del ejemplo en términos de si jugar o no. Es igualmente posible hacer caso omiso de la clasificación y sólo tiene que buscar reglas que asocian fuertemente diferente valores de los atributos. Estos se llaman reglas de asociación.

- Si la temperatura = humedad y enfriar = normal
- Si la humedad = normal y con viento = no entonces el juego = si
- Si pronostico = soleado y juego = no = alta humedad después
- Si viento = no y el juego = no = luego panorama soleado = humedad alta

Todas estas reglas son 100% correctas en los datos dados, sino que no hacen predicciones falsas. Los dos primeros se aplican a cuatro ejemplos del conjunto de datos, el tercero a tres ejemplos, y el cuarto a dos ejemplos. Y hay muchas otras reglas. De hecho, casi las 60 reglas de asociación se puede encontrar que se aplican a dos o más ejemplos de las condiciones meteorológicas. Y si se busca reglas que son menos del 100% correcto, entonces se va a encontrar muchos más. Hay tantos porque, a diferencia de las reglas de clasificación, las reglas de asociación pueden "predecir" cualquiera de los atributos, no sólo una especifica la clase, e incluso puede predecir con más de una cosa. Por ejemplo, la cuarta regla predice tanto que la perspectiva será soleada y que la humedad será alta.

## 3.3 Aplicaciones de minería de datos

A continuación se presentan algunas de las aplicaciones de minería de datos.

### 3.3.1 *Web Mining*

Información de minería sobre la *World Wide Web* (WWW) que es un área de crecimiento explosivo. Compañías de motores de búsqueda que examinan los hipervínculos en las páginas web para llegar a una medida de "prestigio" para cada página web y el sitio web. "Una métrica llamada *PageRank*, presentada por los fundadores de Google que también se utiliza en diversas formas por otros desarrolladores de motores de búsqueda, para los intentos de medir la posición de una página web. Mientras más páginas sean las que enlacen a su sitio web, mayor será su prestigio, sobre todo si las páginas que enlazan tienen un alto prestigio para sí mismos. La definición suena circular, pero puede ser hecho para trabajar.

Los motores de búsqueda utilizan *PageRank* (entre otras cosas) para ordenar las páginas web a fin de antes de mostrar los resultados de su búsqueda. Otra forma en que los motores de búsqueda frente al problema de cómo clasificar páginas web es el uso de la máquina de aprendizaje basado en un conjunto de entrenamiento de las consultas de ejemplo de documentos que contienen los términos en los juicios de consulta y humanos sobre cómo los documentos son relevantes para esa consulta. A continuación, un algoritmo de aprendizaje analiza estos datos de entrenamiento y se le ocurre una manera de predecir el juicio de relevancia para cualquier documento y la consulta. Para cada documento, un conjunto de valores de características que se calcula depende de la consulta del término, por ejemplo, si se produce en la etiqueta del título, si se produce en la URL del documento, la frecuencia con que se produce en el propio documento, y la frecuencia con que aparece en el texto ancla de los hipervínculos que apuntan al documento. Para consultas *MultiTerm*, las características incluyen la frecuencia con dos términos diferentes que parecen estar cerca o juntos en el documento, y así sucesivamente.

Los motores de búsqueda extraen el contenido de la Web. También extraen el contenido de su consultas y los términos que buscan para seleccionar los anuncios en los que usted puede estar interesado .Ellos tienen un fuerte incentivo para hacer esto con precisión, ya que obtener un pago por los anunciantes solo cuando los usuarios hacen clic en sus enlaces. Compañías de motores de búsqueda obtienen los clics porque el conocimiento de lo que resulta el que haga clic se pueden utilizar para mejorar la búsqueda la próxima vez. Librerías en línea consiguen la base de datos de compra para presentar recomendaciones tales como "Los usuarios que han comprado este libro también han comprado estos ", de nuevo, tienen un fuerte incentivo para presentarle convincentes opciones personalizadas. Sitios de películas recomiendan películas basadas en sus anteriores opciones, que las opciones y de otras personas ganan si hacen recomendaciones para que los clientes vuelvan a su sitio web. Y luego están las redes sociales y otros datos personales. Vivimos en la era de la auto-revelación: La gente comparte sus pensamientos más íntimos en *blogs* y *tweets*, su fotografías, sus gustos musicales y de cine, sus opiniones sobre libros, software, gadgets y hoteles; su vida social. Ellos pueden creer que están haciendo esto anónima, o seudónimo, pero a menudo no son correctas. Hay gran interés comercial en hacer dinero por la minería de la Web.

Las decisiones que entrañan juicios cuando usted solicita un préstamo, usted tiene que llenar un cuestionario pidiendo relevante información financiera y personal. Esta información es utilizada por la compañía de préstamo como base para su decisión en cuanto a si a usted le presta dinero. Tales decisiones son hechas típicamente en dos etapas. En primer lugar, se utilizan métodos estadísticos para determinar si "Aceptar" o "rechazar" los casos. Los casos dudosos restantes son más difíciles y piden juicio humano.

Por ejemplo, una compañía de préstamos utiliza un procedimiento de decisión estadística para calcular un parámetro numérico basado en la información suministrada en el cuestionario. Los solicitantes son aceptados si este parámetro excede un umbral preestablecido y rechazado si cae por debajo de un segundo umbral. Esto representa el 90% de los casos y el 10% restante se hace referencia a los oficiales de crédito para una decisión. Al examinar los datos históricos sobre si solicitantes efectivamente pagan sus préstamos, sin embargo, resultó que la mitad de la frontera de los solicitantes que hayan recibido préstamos en realidad son personas morosas. Aunque sería tentador simplemente negar crédito a los clientes dudosos, los profesionales de la industria de crédito  señalan que si sólo su futuro pago se puede determinar con fiabilidad, es precisamente estos clientes cuyo negocio debe ser cortejada, sino que tienden a ser activos los clientes de una entidad de crédito debido a que sus finanzas permanecen en una crónica condición volátil.

La entrada era de 1000 ejemplos de casos en los que se había hecho un préstamo que especificaba si el prestatario tenía por fin pagado o incumplido. Para cada ejemplo de entrenamiento, unos 20 atributos se extrajeron del cuestionario, como la edad, los años con empresa actual, años en corriente dirección, los años con el banco, y otras tarjetas de crédito poseídos. Una máquina de aprendizaje se utilizó para producir un pequeño conjunto de reglas de clasificación que hizo correctas predicciones sobre los dos tercios de los casos límite en un conjunto de pruebas independiente elegidas.

No sólo estas reglas mejoran la tasa de éxito de las decisiones de préstamo, pero la empresa también encontró atractivo, ya que pueden ser utilizados para explicar a los solicitantes las razones de la decisión. Aunque el proyecto fue un estudio exploratorio que tuvo sólo un pequeño esfuerzo de desarrollo, la compañía de préstamos fue al parecer tan satisfecha con el resultado de que las reglas fueron puestas en uso inmediatamente.

### 3.3.2 Imágenes de proyección

Desde los primeros días de la tecnología de los satélites, los científicos ambientales han ido tratando de detectar manchas de petróleo a partir de imágenes de satélite para dar la alerta temprana de los sistemas ecológicos de desastres y disuadir a los vertidos ilegales. Las manchas de petróleo aparecen como zonas oscuras en la imagen, el tamaño y la forma de las cuales evolucionan dependiendo de las condiciones meteorológicas y del mar. Sin embargo, otras imitaciones de las regiones oscuras pueden ser causadas por las condiciones climáticas locales, tales como vientos fuertes. La detección de las manchas de petróleo es un caro proceso manual que requiere personal altamente capacitado que evalúa cada región en la imagen.

Un sistema de detección de peligros se ha desarrollado para las imágenes en pantalla para su posterior procesamiento manual. Destinado a ser comercializado en todo el mundo para una amplia variedad de usuarios, las agencias gubernamentales y las empresas con diferentes objetivos, aplicaciones y áreas geográficas, este sistema debe ser altamente adaptable a las circunstancias individuales.

El aprendizaje automático permite al sistema ser entrenado en ejemplos de derrames y no derrames suministrada por el usuario y permite al usuario controlar el compromiso entre derrames detectados y falsas alarmas. A diferencia de otras aplicaciones de aprendizaje automático, que generan un clasificador que se despliega entonces en el campo, aquí está el aprendizaje mismo esquema que se implementará.

La entrada es un conjunto de imágenes de píxeles primas desde un satélite de radar, y es la salida de un conjunto mucho más reducido de las imágenes con las manchas de petróleo supuestos marcados por un borde de color. En primer lugar, estándar de procesamiento de imágenes las operaciones se aplican a normalizar la imagen.

Entonces sospechosas regiones oscuras son identificadas. Varias docenas de atributos se extraen de cada región, la caracterización de su tamaño, forma, área, la intensidad y la nitidez, la proximidad a otras regiones, así como información sobre el fondo en las proximidades de la región. Por último, las técnicas estándar de aprendizaje son aplicadas a los vectores de atributos resultantes.

### 3.3.3 Otras aplicaciones

Hay un sinnúmero de otras aplicaciones de aprendizaje automático. Brevemente se mencionan pocas áreas más para ilustrar la amplitud de lo que se ha hecho.

La separación de aceite crudo a partir del gas natural es un requisito previo esencial para la refinación de petróleo, y controlar el proceso de separación es un trabajo difícil. *British Petroleum* utiliza aprendizaje automático para crear reglas de fijación de los parámetros. Esto ahora tiene sólo 10 minutos, mientras que los expertos humanos previamente tomaron más de un día. *Westinghouse* enfrenta problemas en su proceso para la fabricación de pastillas de combustible nuclear y utilizado aprendizaje automático para crear reglas para controlar el proceso. Esto se informó a tener salvó más de $ 10 millones por año (en 1984). La impresión Tennessee empresa *RR Donnelly* aplica la misma idea para controlar la impresión en huecograbado prensas para reducir los artefactos causados por los ajustes de parámetros no apropiado, la reducción de la número de artefactos de más de 500 cada año a menos de 30.

En el ámbito de la atención al cliente y el servicio, que ya hemos descrito adjudicación préstamos y de marketing y ventas de aplicaciones. Otro ejemplo se presenta cuando un cliente informa de un problema de teléfono y la empresa debe decidir qué tipo de técnico para asignar al trabajo. Un sistema experto desarrollado por *Bell Atlantic* en 1991 para tomar esta decisión fue sustituido en 1999 por un conjunto de normas desarrolladas utilizando máquina aprendizaje, que salvó a más de $ 10 millones por año, haciendo menos incorrecta decisiones.

Hay muchas aplicaciones científicas. En biología, el aprendizaje automático se utiliza para ayudar a identificar a los miles de genes en cada genoma nuevo. En biomedicina, es usado para predecir la actividad del fármaco mediante el análisis no sólo las propiedades químicas de las drogas sino también de su estructura tridimensional. Esto acelera el descubrimiento de fármacos y reduce su coste. En astronomía, el aprendizaje automático se ha utilizado para desarrollar un completo sistema automático de catalogación de los objetos celestes que son demasiado débiles para ser vistos por inspección visual. En química, se ha usado para predecir la estructura de ciertos compuestos orgánicos de espectros de resonancia magnética. En todas estas aplicaciones, técnicas de aprendizaje automático han alcanzado niveles de rendimiento o mejor dicho habilidad? que rivalizan o superan a los de los expertos humanos.

La automatización es especialmente bienvenida en situaciones de monitoreo continuo, un trabajo que requiere mucho tiempo y excepcionalmente aburrido para los humanos. Ecológico aplicaciones incluyen la supervisión de derrame de petróleo. Otras aplicaciones son bastante menos consecuentes, por ejemplo, el aprendizaje automático se utiliza para predecir las preferencias de programas de televisión basados en elecciones pasadas y asesora a los espectadores sobre las emisoras disponibles. Todavía otras aplicaciones pueden salvar vidas. De cuidados intensivos los pacientes pueden ser vigiladas para detectar cambios en las variables que no pueden ser explicados por circadiano ritmo, la medicación, y así sucesivamente, levantando una alarma cuando sea apropiado. Finalmente, en un mundo que se basa en los sistemas vulnerables de computadoras en red y es cada vez más preocupado por la seguridad cibernética, el aprendizaje automático se utiliza para detectar la intrusión del reconocimiento de patrones inusuales de operaciones.

## 3.4 Aplicación de Data Mining con Weka

En esta sección se presenta un breve resumen e introducción a la aplicación Weka.

### 3.4.1 Weka

Weka es una colección de algoritmos de estado del trabajo de la máquina de aprendizaje y los datos de las herramientas de reprocesamiento. Está diseñado para que se puedan probar los métodos existentes en nuevos conjuntos de datos de manera flexible. Se ofrece un amplio soporte para todo el proceso de la minería de datos experimentales, incluyendo la preparación de los datos de entrada, evaluar el aprendizaje esquemas estadísticamente y visualizar los datos de entrada y el resultado del aprendizaje. Así como una variedad de algoritmos de aprendizaje, que incluye una amplia gama de pre-procesamiento de herramientas. Esta herramienta diversa y completa se accede a través de una interfaz común de modo que sus usuarios pueden comparar diferentes métodos e identificar los que son más apropiados para el problema en cuestión.

Weka fue desarrollado en la Universidad de Waikato en Nueva Zelanda, el nombre es sinónimo de *Medio Ambiente Waikato para el Análisis del Conocimiento.* (Fuera de la universidad, el weka, pronunciado para rimar con la *Meca,* es un ave no voladora con una curiosa naturaleza que sólo se encuentra en las islas de Nueva Zelanda.) El sistema está escrito en Java y distribuido bajo los términos de la Licencia Pública General GNU. Funciona en casi cualquier plataforma y ha sido probado de acuerdo con el sistema operativo Linux, Windows y Macintosh, e incluso en un asistente digital personal. Se proporciona una interfaz uniforme para diferentes algoritmos de aprendizaje, junto con los métodos de pre- y post-procesamiento y para evaluar los resultados del aprendizaje en sistemas de cualquier conjunto de datos dado.

**Ilustración 6 Bienvenida de Weka**

### 3.4.2 ¿Qué ofrece Weka?

Weka proporciona implementaciones de algoritmos de aprendizaje que se puede aplicar fácilmente al conjunto de datos. También incluye una variedad de  herramientas para la transformación de conjuntos de datos. Puede  reprocesar un conjunto de datos, introducirlos en una actividad de aprendizaje, y analizar el clasificador resultante y su rendimiento todo sin necesidad de escribir código de programación en absoluto. Weka incluye métodos para los problemas de minería de datos principales: regresión, clasificación, *clustering* (agrupamiento), la minería de reglas de asociación, y la selección de atributos.

### 3.4.3 ¿Cómo se usa?

La manera más fácil de utilizar Weka es a través de una interfaz gráfica de usuario llamado *Explorer* (Ilustración 7).

**Ilustración 7 Explorer en Weka**

Esto le da acceso a todas sus instalaciones mediante la selección de menús y rellenado de formularios. Para ejemplo, usted puede leer en un conjunto de datos desde un archivo de ARFF (u hoja de cálculo) y construir un árbol de decisión de ella. Pero el aprendizaje de los árboles de decisión es sólo el principio: No muchos otros algoritmos para explorar. La interfaz Explorer ayuda a hacer precisamente eso.

### 3.4.4 Árboles de decisión

Un árbol de decisión es una forma gráfica y analítica de representar todos los eventos (sucesos) que pueden surgir a partir de  una decisión asumida en  cierto momento. Nos ayudan a tomar la  decisión "más acertada", desde un punto de vista probabilístico, ante un abanico de posibles decisiones. Permite desplegar visualmente un problema y organizar el trabajo de cálculos que deben realizarse.

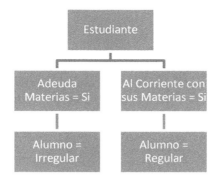

**Ilustración 8 Ejemplo Árbol de Decisión**
Fuente: (Pértega Díaz, 2001)

## 3.5 Interfaz gráfica de usuario

### 3.5.1 Primeros Pasos

Supongamos que tenemos algunos datos y se desea construir un árbol de decisiones de la misma. En primer lugar, lo necesario es preparar los datos, a continuación, arrancar el Explorador y cargarlo. Después, seleccionar un árbol de decisión procedimiento de construcción, construir un árbol, e interpretar el resultado es fácil volver a hacerlo con un algoritmo de árbol de construcción diferente o una evaluación diferente método. En el Explorador puede voltear hacia atrás y adelante entre los resultados que han obtenido, evaluar los modelos que se han construido en diferentes bases de datos, y visualizar gráficamente tanto los modelos y conjuntos de datos de los mismos, incluyendo cualquier errores de clasificación de los modelos hacen.

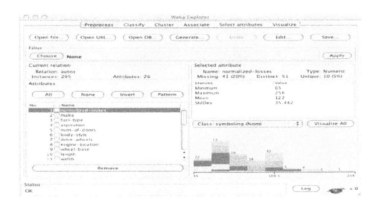

**Ilustración 9. Primeros pasos.**

(Ian H. Witen, 2011)

### 3.5.2 Preparación de los datos

Los datos se presentan a menudo en una hoja de cálculo o base de datos. Sin embargo, de Weka nativo el método de almacenamiento de datos es el formato ARFF. Usted puede fácilmente convertir una hoja de cálculo para ARFF. La mayor parte de un archivo de ARFF consiste en una lista de los casos, y los valores de atributo para cada instancia se separan por comas. La mayoría de los programas de hojas de cálculo y bases de datos permiten exportar datos en un archivo de valores separados por comas (CSV) como una lista de registros con comas entre los elementos.

Una vez hecho esto, sólo tiene que cargar el archivo en un editor de texto o procesador de texto, añada el nombre del conjunto de datos utilizando la etiqueta relación @, la información de atributos utilizando @ atributo, y una línea de datos @, a continuación, guarde el archivo como texto sin formato, los datos en formato CSV cargado en Microsoft Word, y el resultado de convertir de forma manual en un archivo ARFF. Sin embargo, no es así en realidad tienen que pasar por estos pasos para crear el archivo ARFF.

### 3.5.3 Carga de los datos en el Explorer

La Ilustración 10 (b) muestra la pantalla una vez que haya cargado el archivo. Esto le indica sobre el conjunto de datos: Cuenta con 14 casos y 5 atributos (centro izquierda), los atributos son pronóstico, temperatura, humedad, viento, y jugar (inferior izquierda). La primera atributo, la perspectiva, se selecciona por defecto (se puede elegir otros haciendo clic en ellos) y no tiene valores perdidos, tres valores distintos, y no hay valores únicos, el real los valores son soleados, nublados y lluviosos y se dan cinco, cuatro y cinco veces, respectivamente (centro derecha). Un histograma en la parte inferior derecha muestra la frecuencia de cada uno de los dos valores de la clase de juego se produce para cada valor del atributo perspectiva. La perspectiva atributo se utiliza ya que aparece en el cuadro situado sobre el histograma, pero Puede dibujar un histograma de cualquier otro atributo lugar. Aquí, la reproducción se selecciona como el atributo de clase, sino que se utiliza para colorear el histograma, y cualquier filtro que requieren una clase valor utilizarlo también.

(a)             (b)

**Ilustración 10. El Explorador de Weka**

(a) la elección de la interfaz de Explorer y (b) la lectura de los datos meteorológicos.

(Ian H. Witen, 2011)

El atributo de pronóstico en la Ilustración 10   (b) es nominal. Si se selecciona un atributo numérico, se verá su valor mínimo y máximo, media y desviación estándar. En este caso, el histograma muestra la distribución de la clase como una función de este atributo. Se puede eliminar un atributo haciendo clic en su casilla de verificación y utilizando el botón Quitar. Todo selecciona todos los atributos, Ninguno selecciona ninguno, Invertir, invierte la selección actual y selecciona el patrón de aquellos atributos cuyos nombres coinciden con una expresión suministrado por el usuario regular. Usted puede deshacer un cambio, haga clic en el botón Deshacer. El botón Editar abre un editor que le permite inspeccionar los datos, la búsqueda de valores particulares y editar y eliminar instancias y atributos. Al hacer clic derecho en los valores y los encabezados de columna abre correspondientes menús contextuales.

### 3.5.4 La construcción de un árbol de decisión

Se utiliza el algoritmo J4.8, que es la aplicación Weka de este árbol de decisión. (J4.8 aplica efectivamente una versión posterior y ligeramente mejorado llamado C4.5 revisión 8, que fue la última versión pública de esta familia de algoritmos C5.0 antes de la implantación comercial fue lanzado.) Haga clic en la pestaña Clasificar aparece una pantalla que se parece a la figura (b). En realidad, la figura muestra lo que se verá como después de haber analizado los datos meteorológicos.

Primero, seleccione el clasificador haciendo clic en el botón Seleccionar en la parte superior izquierda, la apertura de la sección de los árboles del menú jerárquico en la Ilustración 11(a), y la búsqueda de J48. La estructura del menú representa la organización del código Weka en módulos. Por ahora, sólo tienes que abrir la jerarquía como sea necesario los elementos que necesita para seleccionar siempre están en el nivel más bajo. Una vez seleccionado, J48 aparece en la línea al lado del botón Elegir como se muestra en la Ilustración 11(b), a lo largo de con sus valores por defecto de los parámetros. Si hace clic en esa línea, el objeto clasificador J4.8 del editor se abre y se puede ver lo que significan los parámetros y modificar sus valores si así lo desea. El Explorador generalmente escoge los parámetros por defecto. Una vez elegido el clasificador, invocar haciendo clic en el botón Inicio. Weka trabaja por un período breve, cuando se está trabajando, el pajarito en la parte inferior derecha de la Ilustración 11(b) salta y baila, y luego produce el resultado que se muestra en el panel principal de la Ilustración 11(b).

(a)                          (b)

**Ilustración 11. Usando J4.8**

(a) encontrar en la lista de los clasificadores y (b) la pestaña Clasificar.
(Ian H. Witen, 2011)

Las fuerzas competitivas de mercado y su influencia en la incorporación de las TIC en las PyME

## 3.6 Examinar los resultados

La Ilustración 12 muestra la salida completa (Ilustración 11(b) sólo se da en la mitad inferior). El modelo que se muestra aquí es siempre uno generado desde el conjunto de datos disponibles en el panel de pre-proceso. La primera división es en el atributo de vista, y luego, en el segundo nivel, las divisiones son la humedad y viento, respectivamente.

En la estructura de árbol, se introduce la etiqueta de clase que se ha asignado a una hoja en particular, seguido por el número de casos que llegan a esa hoja, expresada como un número decimal, debido a la forma en que el algoritmo utiliza instancias fraccionados que maneja los valores que faltan. Si hubo casos clasificados incorrectamente (no hay en este ejemplo), su número parece demasiado, por lo 2.0/1.0 significa que los dos casos alcanzado esa hoja, de los cuales uno se clasifica incorrectamente. Debajo de la estructura de árbol el número de hojas se imprime, a continuación, el número total de nodos (tamaño del árbol).

La siguiente parte de la producción muestra las estimaciones de rendimiento predictivo del árbol. En este caso se obtienen utilizando estratificada validación cruzada con 10 pliegues, el predeterminado en la Ilustración 11(b). Como se puede ver, más de 30% de los casos (5 de14) han sido clasificados erróneamente en la validación cruzada. Esto indica que los resultados obtenidos a partir de los datos de entrenamiento son optimistas en comparación con lo que podría obtener sede una prueba independiente creada a partir de la misma fuente. Desde la matriz de confusión en final se observa que 2 instancias de clases Sí se han asignado a la clase y No de clase 3 no se asignan a la clase sí.

Así como el error de clasificación, el módulo de evaluación también da salida a la Kappa estadística, el error medio absoluto, y la raíz error cuadrático de las estimaciones de probabilidad de clase asignadas por el árbol. El error absoluto medio se calcula de una manera similar utilizando la absoluta en lugar de la diferencia al cuadrado. También genera errores relativos, que se basan en las probabilidades anteriores .También se ha reportado el promedio por clase de cada estadística, ponderado parel número de instancias de cada clase.

El panel de la Ilustración 11(b) tiene más opciones de prueba: Composición suministrada prueba, en la que se especifica un archivo independiente que contiene el conjunto de pruebas y porcentaje, con el que puede mantener un cierto porcentaje de los datos para las pruebas. Usted puede dar salida a las predicciones para cada caso haciendo clic en el botón Más opciones y el control de la entrada apropiada. Hay otras opciones útiles, como la supresión de parte de la producción que incluye otras estadísticas, como las medidas de evaluación de entropía y de coste razonable evaluación. En este último caso, debe introducir una matriz de costos: Escriba el número de clases en el cuadro de las clases (y terminar con la tecla *Enter* o *Return*) para obtener un valor predeterminadomatriz de costos, a continuación, modifique los valores según sea necesario.

El pequeño panel en la parte inferior izquierda de la Ilustración 11(b), que contiene una resaltada línea, es una lista de historial de los resultados. El Explorer agrega una nueva línea cada vez que se ejecuta un clasificador. Debido a que usted tiene ahora ejecutar el clasificador dos veces, la lista contendrá dos artículos. Para volver a un conjunto de resultados anterior, haga clic en la línea correspondiente y la salida para esa ejecución aparecerá en el panel de salida del clasificador. Esto hace que sea fácil de explorar clasificadores o planes de evaluación y revisar los resultados para compararlos.

```
=== Run information ===

Scheme:        weka.classifiers.trees.J48 -C 0.25 -M 2
Relation:      weather
Instances:     14
Attributes:    5
               outlook
               temperature
               humidity
               windy
               play
Test mode:     10-fold cross-validation

=== Classifier model (full training set) ===

J48 pruned tree
------------------

outlook = sunny
|   humidity <= 75: yes (2.0)
|   humidity > 75: no (3.0)
outlook = overcast: yes (4.0)
outlook = rainy
|   windy = TRUE: no (2.0)
|   windy = FALSE: yes (3.0)

Number of Leaves  :    5

Size of the tree :     8

Time taken to build model: 0.27 seconds

=== Stratified cross-validation ===
=== Summary ===

Correctly Classified Instances           9               64.2857 %
Incorrectly Classified Instances         5               35.7143 %
Kappa statistic                          0.186
Mean absolute error                      0.2857
Root mean squared error                  0.4818
Relative absolute error                 60      %
Root relative squared error             97.6586 %
Total Number of Instances               14

=== Detailed Accuracy By Class ===

              TP Rate  FP Rate  Precision  Recall  F-Measure  ROC Area  Class
              0.778    0.6      0.7        0.778   0.737      0.789     yes
              0.4      0.222    0.5        0.4     0.444      0.789     no
Weighted      0.643    0.465    0.629      0.643   0.632      0.789
Avg.

=== Confusion Matrix ===

 a b   <-- classified as
 7 2 | a = yes
 3 2 | b = no
```

**Ilustración 12. La salida de la J4.8, aprendiz de árbol de decisión.**

(Ian H. Witen, 2011)

# Capítulo 4. Las cinco fuerzas competitivas

Michael E. Porter en su libro "Estrategia Competitiva, Técnicas para el Análisis de los Sectores Industriales y de la Competencia", afirma que la situación de la competencia en un sector industrial, depende de cinco fuerzas competitivas básicas. La acción conjunta de estas fuerzas determina la intensidad competitiva, así como la rentabilidad del sector industrial, y la fuerza o fuerzas más poderosas son las que gobiernan y resultan cruciales desde el punto de vista de la formulación estratégica. Es decir que, según Porter, la capacidad de una organización para competir en un mercado está determinada por los recursos técnicos y económicos de la misma, así como por cinco fuerzas que amenazan el objetivo de ésta. Porter dice que el gerente estratégico debe analizar dichas fuerzas y proponer un programa para influir o defenderse de ellas. El propósito es encontrarle a la organización un nicho lucrativo y defendible.

## 4.1 Las 5 fuerzas competitivas de Mercado

En 1979, Michael Porter desarrollo un modelo para analizar la industria conocida como las cinco fuerzas competitivas de Porter En este modelo, identifico cinco grupos de actores principales cuyas características y forma de relación (dinámica) determinan el grado de competitividad de una industria específica, e impactan en el atractivo que tiene para hacer negocios: los competidores existentes, los competidores potenciales, los productos sustitutos, los compradores y los proveedores. En 1980 en su libro ***Competitive Strategy: Techniques for Analyzing Industries and Competitors*** (Porter, Competitive Strategy Techniques for Analyzing Industries and Competitors., 1980).

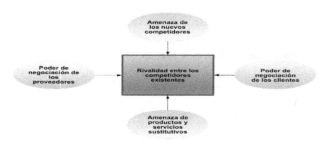

**Ilustración 13. 5 Fuerzas de Porter.**

(Porter, Strategy and the Internet, 2001)

Las 5 Fuerzas de Porter es un modelo holístico que permite analizar cualquier industria en términos de rentabilidad. Según Porter, la rivalidad con los competidores viene dada por cuatro elementos o fuerzas que combinadas crean una quinta fuerza: la rivalidad entre los competidores.

### 4.1.1 Poder de negociación de los clientes.

El intercambio entre comprador y vendedor le agrega valor a ambas partes. Pero si los compradores (que pueden ser los distribuidores, los consumidores u otros fabricantes) tienen mayor poder adquisitivo, la capacidad de una empresa para capturar una alta proporción del valor creado va a disminuir y obtendrá menores ganancias.

Los compradores tienen mayor poder cuando son muchos y compran una cuota importante del producto. Si se le vende a grandes compradores, ellos tendrán una posición ventajosa para negociar mejores precios y otros términos favorables. Los compradores también tienen más poder si pueden competir como proveedores. En la industria automotriz, los grandes fabricantes de autos tienen mucho poder. Hay unos pocos compradores grandes y compran en grandes cantidades. Pero cuando son compradores más pequeños la empresa tiene el control porque cada comprador es sólo una pequeña porción de tus ventas

### 4.1.2 Poder de negociación de los proveedores.

Todas las empresas requieren insumos – mano de obra, materia prima y servicios. El costo de estos insumos afecta de manera directa en la rentabilidad de la empresa. Los proveedores pueden representar un factor más o menos influyente, dependiendo del poder que tengan a la hora de negociar.

Los proveedores van a intentar vender al mayor precio o evitar darte algún servicio extra. Si es una fuerza débil, se puede llevar los puntos a favor de la empresa. Pero si es una fuerza potente la empresa estará en una posición débil y tendrá que pagar un mayor precio o aceptar una menor calidad en el servicio.

Los proveedores tienen mayor poder cuando los insumos que requiere la empresa sólo se consiguen de una pequeña cantidad de proveedores, cuando son únicos – haciendo que sea costoso cambiar de proveedor - si tu nivel de compra no representa una porción significativa de su negocio, si los proveedores pueden vender su producto directamente a tus clientes, si es muy difícil cambiar de proveedor o si no tienes una comprensión del mercado del proveedor

### 4.1.3 Amenaza de nuevos entrantes.

¿Qué tan fácil es ingresar a tu mercado? Puede ser que tengas un producto estrella, pero tu éxito puede inspirar a otros a ingresar en tu mercado y amenazar tu posición. Los nuevos "ingresantes" traen un gran deseo de aumentar su cuota de mercado y suelen tener muchos recursos. Su presencia puede llevar a que los precios bajen y las ganancias sean más difíciles.

### 4.1.4 Amenaza de productos sustitutivos.

¿Qué productos pueden comprar tus clientes en vez de los tuyos? Los productos substitutos vienen en todos los tamaños y formas, y no siempre vienen de los competidores tradicionales. Los productos sustitutos fijan un precio tope. Es muy difícil para una agencia poder subir los precios y generar más ganancias si hay productos substitutos cercanos y los costes intercambiables bajos. Pero, en algunos casos, los clientes se resisten a cambiar por otro producto aunque ofrezca una ventaja. Los clientes pueden considerar conveniente o riesgoso cambiar si están acostumbrados a usar un determinado producto de determinada manera, o si están acostumbrados a la forma en que un servicio está dado.

### 4.1.5 Rivalidad entre los competidores

La rivalidad entre competidores suele ser la más potente de las 5 fuerzas, pero puede variar enormemente entre las distintas industrias. Si la fuerza competitiva es débil, las empresas pueden subir sus precios, ofrecer menos por más, y obtener más ganancias. Si la competencia es intensa, es necesario mejorar la propuesta para conservar clientes y los precios pueden bajar por debajo del punto de equilibrio. Muchas veces, la rivalidad está en el plano del precio, y otras en dimensiones como innovación, marketing, etc.

Las cinco fuerzas competitivas conjuntamente determinan la intensidad competitiva así como la rentabilidad del sector industrial, y la fuerza o fuerzas más poderosas son las que gobiernan y resultan cruciales desde el punto de vista de la formulación de la estrategia. Por ejemplo, incluso una empresa con una posición fuerte en el mercado en un sector industrial en donde los competidores potenciales no constituyen una amenaza, obtendrá bajos rendimientos si se enfrenta a un sustituto superior, de coste más bajo. Aun si no existen sustitutos y está bloqueado el ingreso, la intensa rivalidad entre los competidores existentes limitará los rendimientos potenciales. El caso extremo de "intensidad competitiva" en un sector industrial está representado por la competencia perfecta de los economistas, en donde el ingreso es

Libre, las empresas existentes no tienen poder negociador con los proveedores y los clientes, y la rivalidad es desenfrenada debido a que las numerosas empresas y los productos son todos similares.

## 4.2 Ventajas y Desventajas modelo de las cinco fuerzas competitivas

Se enlistan una serie de puntos respecto a las fuerzas competitivas según Porter, donde se clasifican según las ventajas o desventajas de este tema.

### 4.2.1 Ventajas

- Se ahorra tiempo, dinero y esfuerzo al no colocar el producto en donde no se va a vender.
- La empresa se enfrenta a menos competidores en un segmento específico.
- Puede competir más eficazmente con las demás empresas del sector, al elegir el segmento donde puede desplegar sus fortalezas.
- Sus esfuerzos de marketing no se diluyen en segmentos sin potencial.
- Ayuda a sus clientes a encontrar productos o servicios mejor adaptados a sus necesidades o deseos.
- Las empresas de tamaño mediano pueden crecer más rápido si obtienen una posición sólida en un segmento del mercado.
- La empresa crea una oferta de producto o servicio más precisa y pone el precio apropiado para el público objetivo.
- Se facilita la selección de canales de distribución y de comunicación.
- Se proporciona un mejor servicio.
- Da imagen de exclusividad y categoría.

## 4.2.2 Desventajas

El alto costo de obtener la información.

- Que el producto no se coloque en el lugar ni en el momento adecuado.
- Si la segmentación no está bien planteada, puede dejar fuera a muchos clientes.
- REQUISITOS para una óptima Segmentación del Mercado:
- Que los segmentos sean homogéneos internamente, o sea, que los consumidores dentro de un mismo segmento realmente tengan las mismas características.
- Ser diferenciales: Un segmento debe ser claramente distinto de otro, de tal manera que responda de una forma particular a las diferentes actividades de marketing.
- Ser medibles: Es decir, que se pueda determinar (de una forma precisa o aproximada) aspectos como tamaño, poder de compra y perfiles de los componentes de cada segmento.
- Ser accesibles: Que se pueda llegar a ellos de forma eficaz con toda la mezcla de marketing mix.
- Ser sustanciales: Es decir, que sean los suficientemente grandes o rentables como para dirigirles un programa de marketing a la medida.

En un sentido similar, (Porter, Strategy and the Internet, 2001) señala que la adopción y el uso de las TIC, por Ejemplo Internet, no remplazan sino que complementa aquellas otras formas de competir más Convencionales, basadas en la cadena de valor de la empresa. En síntesis, si las TIC no están Integradas adecuadamente con la estrategia del negocio, éstas no proporcionan ventajas competitivas a la empresa por sí mismas. Por ello, las empresas deben aprovechar las mayores oportunidades ofrecidas por las nuevas tecnologías, estableciendo un posicionamiento estratégico distinto del actual, utilizándolas para mejorar otras fuentes de ventaja competitivas (recursos y capacidades), incrementar la eficiencia y apalancar las fortalezas de la empresa; de tal manera que se debe reconsiderar el concepto de empresa, donde ya no puede considerársele como un conjunto de negocios separados y sin conexión, si no como un todo integrado donde la tecnología forma parte de todas y cada una de las funciones de la empresa.

A las distintas aportaciones de los autores citados que relacionan las características de las TIC con la estrategia empresarial podemos, a modo de reflexión final, señalar que las TIC ejercen una influencia destacada en las cinco fuerzas competitivas de Porter: reducen el poder negociador de los compradores favoreciendo su menor poder para trasladarse a otro competidor; permiten mejorar la relación funcional y operativa con los proveedores; en cuanto a los productos sustitutivos favorecen el estar en el mercado antes y con un producto mejor, al poder prever las necesidades del cliente; en cuanto a los competidores, las TIC permiten a la empresa aprovechar la reducción de costes, con sinergias, economías de escala y eficiencias; y por lo que hace a la rivalidad del sector, las TIC favorecen, además, formas de cooperación inter-empresarial. Las TIC contribuyen a aumentar la competencia, ya que condensan el tiempo y el espacio, acelerando el proceso de externalización de algunos procesos de las actividades empresariales; se crea una mayor competencia en el mercado de productos. Las TIC aunque puedan suponer un determinado coste, ofrecen excepcionales oportunidades de crecimiento y de evolución de negocio, al mismo tiempo que resulta una herramienta imprescindible para la gestión interna de la empresa.

# 5. Metodología

En esta sección se presentan las consideraciones generales del proceso metodológico realizado.

## 5.1 Enfoque metodológico

El enfoque de la investigación realizada es deductivo, con un alcance transversal, utilizando como medio principal de obtención de datos la aplicación de una encuesta que fue aplicada por estudiantes del Departamento de Sistemas y Computación del Instituto Tecnológico de Durango, en los años 2010 al 2012. Las encuestas fueron capturadas en línea a través de una encuesta diseñada en la aplicación LimeSurvey. Posterior a la obtención de datos se realizó un análisis de los datos de tipo exploratorio y multivariado a través de las aplicaciones SPSS, Weka y Orange.

La naturaleza del estudio es primordialmente exploratoria, este tipo de estudios se realizan cuando el objetivo es examinar un tema o problema de investigación poco estudiado, del cual se tienen muchas dudas o no se ha abordado antes, es decir, cuando la revisión de la literatura reveló que tan sólo hay guías no investigadas e ideas vagamente relacionadas con el problema de estudio, o bien, si deseamos indagar sobre temas y áreas desde nuevas perspectivas, como es el caso que aborda el presente estudio.

Así el valor de este estudio servirá no sólo para obtener información sobre la posibilidad de llevar a cabo una investigación más completa respecto de un contexto particular, investigar nuevos problemas, identificar conceptos o variables promisorias, establecer prioridades para investigaciones futuras, o sugerir afirmaciones y postulados, sino busca ser un punto de inicio para estudio o investigaciones relacionadas con el tema y que permitan a los sectores gubernamental, empresarial y de estudios superiores explorar de manera general el estado de guarda la incorporación y uso de las TIC en la MPyME Duranguense, a fin de identificar tendencias, áreas, ambientes, contextos y situaciones que constituyan áreas de oportunidad y de mejora para lograr mejores índices de competitividad y productividad en las empresas a través de las TIC.

## 5.2 Muestra seleccionada

La caracterización del objeto de estudio se resume en los siguientes puntos:

- Tipo de empresas:      MPyME
- Región:                Municipio de Durango, Dgo., México
- Encuesta:              Basado en el cuestionario de diagnóstico tecnológico del sector minorista (España 2008), realizado por red.es

- Formato encuesta:      Capturado en línea
- Periodo aplicado:      2010 al 2012
- Los resultados de los Censos Económicos 2009 dan cuenta de 72,538 unidades económicas existentes en el Estado de Durango, las cuales ocuparon a 368,503 personas (INEGI, 2009). El personal ocupado total para el 2008 fue de 235,909 personas, 8.9% más que en el 2003. El 81.7% del personal ocupado del Estado de

Durango se concentró en tres municipios: Durango (44.1%, con 31,989 unidades económicas), Gómez Palacio (32.3%) y Lerdo (5.3%).

El municipio de Durango reportó los mayores porcentajes en personal ocupado y en unidades económicas (62.28%); le sigue en importancia en estas dos variables Gómez Palacio. La Tabla 2 muestra las clases de actividades por unidades económicas y personal ocupado para el periodo 2009.

**Tabla 2. Unidades económicas y personal ocupado en el Estado de Durango**

| Clases de actividad SCIAN | | Unidades económicas | | Personal ocupado total | |
|---|---|---|---|---|---|
| | | **Absoluto** | **%** | **Absoluto** | **%** |
| **Total Durango** | | **45,180** | **100.0** | **235,909** | **100.0** |
| 461110 | Tiendas de abarrotes | 7,300 | 16.2 | 15,463 | 6.6 |
| 315229 | Confección en serie de otra ropa exterior de materiales textiles | 90 | 0.2 | 7,908 | 3.4 |
| 722219 | Otros restaurantes con servicios limitados | 2,696 | 6.0 | 7,444 | 3.2 |
| 561330 | Suministro de personal permanente | 15 | 0.0 | 6,262 | 2.7 |
| 462111 | Comercio al por menor en supermercados | 43 | 0.1 | 4,718 | 2.0 |
| 336320 | Fabricación de equipo eléctrico y electrónico y sus partes para vehículos automotores | 10 | 0.0 | 4,472 | 1.9 |
| 722212 | Restaurantes de comida para llevar | 1,742 | 3.9 | 4,422 | 1.9 |
| 463211 | Comercio al por menor de ropa, excepto de bebé y lencería | 1,311 | 2.9 | 2,907 | 1.2 |
| 462210 | Comercio al por menor en tiendas departamentales | 44 | 0.1 | 2,764 | 1.2 |
| 465311 | Papelerías | 1,183 | 2.6 | 2,555 | 1.1 |
| **Subtotal** | | **14,434** | **31.9** | **58,915** | **25.0** |
| **Resto clases** | | **30,746** | **68.1** | **176,994** | **75.0** |

Fuente: (INEGI, 2009)

En la tabla 3 se presenta el número de empresas participantes en la encuesta en los años 2010 al 2012 (224 empresas en total). Se observa una participación predominante de empresas de tamaño PyME (cercano al 90% del total).

**Tabla 3  Resumen empresas participantes años 2010-2012**

| | | | Micro | Pequeña | Mediana | Grande | Total |
|---|---|---|---|---|---|---|---|
| Año aplicación de la encuesta | 2010 | Recuento | 102 | 46 | 20 | 6 | 174 |
| | | % dentro de Año aplicación de la encuesta | 58.6% | 26.4% | 11.5% | 3.4% | 100.0% |
| | | % del total | 45.5% | 20.5% | 8.9% | 2.7% | 77.7% |
| | 2011 | Recuento | 4 | 4 | 5 | 8 | 21 |
| | | % dentro de Año aplicación de la encuesta | 19.0% | 19.0% | 23.8% | 38.1% | 100.0% |
| | | % del total | 1.8% | 1.8% | 2.2% | 3.6% | 9.4% |
| | 2012 | Recuento | 7 | 8 | 5 | 9 | 29 |
| | | % dentro de Año aplicación de la encuesta | 24.1% | 27.6% | 17.2% | 31.0% | 100.0% |
| | | % del total | 3.1% | 3.6% | 2.2% | 4.0% | 12.9% |
| Total | | Recuento | 113 | 58 | 30 | 23 | 224 |
| | | % dentro de Año aplicación de la encuesta | 50.4% | 25.9% | 13.4% | 10.3% | 100.0% |
| | | % del total | 50.4% | 25.9% | 13.4% | 10.3% | 100.0% |

## 5.3 Recogida de información

El proceso general de recogida de información fue el siguiente:

- Elaboración del cuestionario y su validación con una prueba piloto.
- Identificación de la población objeto de estudio.
- Envío a las empresas.
- Respuesta de las empresas.
- Contactar con las empresas que no han contestado para conocer los motivos e incitarlas a colaborar.
- Encuestas aplicadas a través de alumnos residentes del Departamento de Sistemas y Computación del Instituto Tecnológico de Durango, México.
- Tratamiento de la información y evaluación de los resultados.

Se reunieron datos que combinan envío de cuestionarios por correo electrónico y entrevistas personales (Chiner Dasí, 2001). Así, la estrategia seguida en el presente trabajo para la recolección de los datos fue en una primera etapa a través de la aplicación de una encuesta personal a empresas participantes por parte de un grupo de egresados de las carreras de Licenciatura en Informática e Ingeniería en Sistemas computacionales del Instituto Tecnológico de Durango, como parte de las actividades del curso de titulación: "Planeación estratégica de tecnologías de información basada en estudios sectoriales", a objeto de la elaboración de trabajos de Monografía, en la segunda etapa se capturaron los resultados de la encuesta en línea para su posterior depuración y análisis, con la ayuda de alumnus de residencia profesional.

# Capítulo 6. Análisis de resultados

En esta sección se presenta la descripción detallada de la encuesta aplicada, misma que parte de la encuesta Basado en el cuestionario de diagnóstico tecnológico del sector minorista (España 2008), realizado por red.es

## 6.1 Objetivos de la encuesta

A continuación se describen los objetivos generales y particulares del estudio realizado.

### 6.1.1 Objetivo general

Caracterizar y analizar el nivel de incorporación y uso de las TIC en las PyME del municipio de Durango, México, en función de las cinco fuerzas competitivas de Mercado.

### 6.1.2 Objetivos particulares

Objetivos particulares:

1. Caracterización de las empresas participantes en función de su nivel de incorporación y uso de las TIC.
2. Diagnóstico del nivel de incorporación y uso de las TIC en las PyME de la ciudad de Durango, con base al análisis de las fuerzas del mercado en la incorporación y uso de TIC: Poder de los proveedores, Poder de los consumidores, Productos sustitutos, Poder de los competidores, Entrada de nuevos competidores.

## 6.2 Diseño de la encuesta

La encuesta aplicada el estudio realizado, como ya se mencionó, se adaptó a partir de la encuesta diseñada por la Entidad Pública Empresarial Red.es, adscrita a la Secretaría de Estado de Telecomunicaciones y Sociedad de la Información del Ministerio de Industria, Turismo y Comercio, publica a través del Observatorio Nacional de las Telecomunicaciones y de la Sociedad de la Información diversos estudios y análisis sobre el grado de desarrollo y avance de la Sociedad de la Información en España, tanto en el ámbito ciudadano, como en el empresarial. El cuestionario aplicado se puede consultar en el Anexo A.

A diferencia de la encuesta de Red.es la encuesta aplicada añadió una sección orientada a investigar si las fuerzas competitivas de mercado: clientes, proveedores, productos sustitutos, competidores, o nuevos entrantes, representan un factor impulsor y/o motivador a la incorporación de las TIC en la MPyME Duranguense.

Las secciones de las que se compone la encuesta se muestran en la Tabla 4 (la naturaleza de las preguntas son mayoritariamente de tipo nominal y en menor medida de tipo ratio, ordinales y Likert, haciendo un total de 39 preguntas).

**Tabla 4 Descripción de las secciones de la encuesta**

| Sección | Descripción |
|---|---|
| A | Se obtiene información general para caracterizar a los sectores participantes, haciendo preguntas respecto a tamaño de la empresa, número de empleados, a qué sector pertenece, por ejemplo, al sector de la construcción; antigüedad del negocio, ubicación, tipo de negocio, como franquicia, negocio propio; número de sucursales y utilidades de la empresa en un periodo de 2 años. Consta de 8 preguntas. |
| B | Se responde sobre la infraestructura informática y de telecomunicaciones de las empresas, como: tipo de equipamiento del que se dispone, por ejemplo computadoras personales, scanner, impresora; si realiza copias de seguridad de la información y en qué dispositivos la almacena; sistemas de comunicación que tiene contratados, como teléfono, fax, conexión a Internet, entre otros; la antigüedad de los equipos, así como el presupuesto promedio que dedica a la compra y/o actualización de los mismos; frecuencia con la que realiza la renovación de los equipos; a qué área o departamento se le dedica mayor presupuesto para equipos y medios con los que cuenta para la gestión de los equipos y consta de 8 preguntas. |
| C | Se pregunta acerca de la incorporación y uso de Internet: si se tiene o no contratada la conexión, motivos por los que no dispone de la misma, tiempo de conexión, tipo de enlace o conexión, servicio de Internet que se utiliza con más frecuencia; si posee o no página web y con qué frecuencia se actualiza; si usa o no comercio electrónico y motivos; uso y frecuencia de uso de correo electrónico y consta de 7 preguntas, algunas divididas en 2 o más partes. |
| D | Se cuestiona sobre las soluciones TIC implantadas en la empresa, como: Sistemas de Información o software instalado y quien se encarga de desarrollarlo; tipo de seguridad informática que se utiliza, beneficios del uso de equipo de cómputo, valoración general que se da al uso de las TIC, valoración a apoyos del Gobierno, medios publicitarios que utilizan, tecnologías que se utilizan o se piensan utilizar; soluciones implantadas o a implantar y barreras para no instalar equipo de cómputo, consta de 10 preguntas. |
| E | Se obtiene información sobre las fuerzas competitivas del mercado: medios que utiliza para realizar pedidos a proveedores, formas de pago de los clientes, aspectos para facilitar la adopción de nuevas tecnologías, mejoras tecnológicas que debe apoyar el Gobierno y grado de confianza en asesores tecnológicos. Consta de 6 preguntas. |

## 6.3 Integración de las TIC en la PyME Duranguense

En este capítulo se presentan los resultados obtenidos derivados del análisis de los datos de la encuesta "Incorporación y uso de las TIC en el sector MPyME del municipio de Durango, México". Los resultados se presentan en una primera fase de manera exploratoria y en una segunda fase utilizando técnicas de minería de datos. Nota: todas las figuras y tablas que se presentan en este apartado son elaboración propia, derivada del análisis de datos realizado.

### 6.3.1 Caracterización de las empresas participantes

*Identificación de las empresas participantes por tamaño.* Como se observa en la ilustración 14, el gran porcentaje de empresas participantes se concentró en los tres años primordialmente en las empresas Micro, Pequeña y Mediana (casi el 90%) del total.

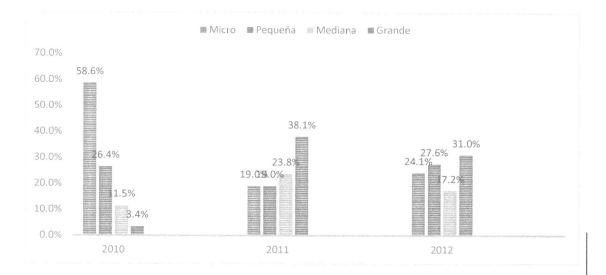

Ilustración 14. Tamaño de las empresas

**Número de empleados.** En la tabla 5 se presenta el número promedio de empleado por tamaño de empresa. Observándose que el número de empleados se mantiene similar para cada año analizado, a excepción de la mediana empresa donde se observa un mayor incremento el número de empleados de 80 a 123.

Tabla 5 Número promedio de empleados en las empresas

| | 2010 | 2011 | 2012 |
|---|---|---|---|
| Tamaño de empresa | Número de empleados | Número de empleados | Número de empleados |
| Micro | 2 | 5 | 5 |
| Pequeña | 20 | 20 | 24 |
| Mediana | 80 | 80 | 123 |
| Grande | 600 | 600 | 630 |

Así, en promedio el número de empleados, considerando las 224 empresas participantes en los tres años fue: Micro empresas 5 empleados, Pequeña empresa 23 empleados, Mediana empresa 110 empleados y empresas de tamaño Grande 630 empleados. Siendo 113 empresas micro, 58 pequeñas, 30 medianas y 23 grandes.

Las fuerzas competitivas de mercado y su influencia en la incorporación de las TIC en las PyME

**Sector al que pertenece la empresa.** Los participantes respondieron a qué sector pertenece su empresa. En los tres años se contó con mayor participación de empresas del sector servicios.

Tabla 6 Número de empresas por sector y por tamaño

| Año | Tamaño de empresa | Sector servicios | Sector manufactura | Sector extracción | Sector transformación | Total |
|---|---|---|---|---|---|---|
| 2010 | Micro | 87 | 15 | 0 | 0 | 102 |
| | Pequeña | 39 | 5 | 0 | 2 | 46 |
| | Mediana | 11 | 3 | 3 | 3 | 20 |
| | Grande | 4 | 1 | 0 | 1 | 6 |
| | **Total** | **141** | **24** | **3** | **6** | **174** |
| 2011 | Micro | 3 | 1 | 0 | 0 | 4 |
| | Pequeña | 4 | 0 | 0 | 0 | 4 |
| | Mediana | 5 | 0 | 0 | 0 | 5 |
| | Grande | 3 | 4 | 0 | 1 | 8 |
| | **Total** | **15** | **5** | **0** | **1** | **21** |
| 2012 | Micro | 6 | 1 | 0 | 0 | 7 |
| | Pequeña | 8 | 0 | 0 | 0 | 8 |
| | Mediana | 5 | 0 | 0 | 0 | 5 |
| | Grande | 77 | 2 | 0 | 0 | 7 |
| | **Total** | **26** | **3** | **0** | **0** | **29** |

**Actividad principal de la empresa.** En la Ilustración 15 se muestra el desglose de la comparación del año 2010, 2011 y 2012 de la actividad principal de cada una de las empresas participantes en las encuestas del año correspondiente.

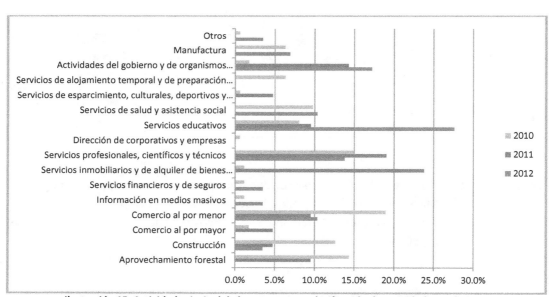

Ilustración 15. Actividad principal de la empresa por clasificación de actividad económica

**Antigüedad del negocio.** En situación similar a la encuesta del año 2010, la mayoría de las empresas participantes son empresas con una antigüedad mayor a 10 años, que se puede observar en la Tabla 7.

Tabla 7 Antigüedad del negocio

| | | | Antigüedad del negocio | | | | | |
|---|---|---|---|---|---|---|---|---|
| | | | Menos de un año | De 1 a 3 años | De 4 a 6 años | 7 a 10 años | Más de 10 | Total |
| Año aplicación de la encuesta | 2010 | Recuento | 6 | 26 | 32 | 19 | 91 | 174 |
| | | % | 3.40% | 14.90% | 18.40% | 10.90% | 52.30% | 100.00% |
| | 2011 | Recuento | 0 | 4 | 1 | 1 | 15 | 21 |
| | | % | 0.00% | 19.00% | 4.80% | 4.80% | 71.40% | 100.00% |
| | 2012 | Recuento | 2 | 1 | 3 | 5 | 18 | 29 |
| | | % | 6.90% | 3.40% | 10.30% | 17.20% | 62.10% | 100.00% |

En función de la antigüedad de la empresa, éstas se clasificaron en emergentes (0 a 1 año), emergentes en proceso de maduración (1 a 3 años), madura (4 a 6 años), madura en proceso de consolidación (7 a 10 años) y consolidada (más de 10 años).

**Ubicación del negocio.** Dónde está localizada la empresa, tanto en el año 2010, 2011 como en el 2012 el Núcleo Urbano/Calle o área comercial es el punto más alto en ubicación de empresas, siendo 62.5%, 52.4% y 50.6% respectivamente. El incremento más notable de un año al otro fue en Centro/Paseo comercial mientras que en el 2010 era un porcentaje del 4.8 del total de empresas en el 2011 el porcentaje es representado por 21.8 y en el 2012 el porcentaje es representado por 16.7% de las empresas participantes (Ilustración 16).

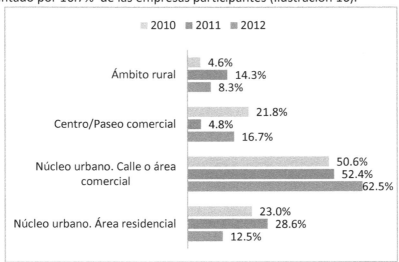

Ilustración 16. Ubicación del negocio

Las fuerzas competitivas de mercado y su influencia en la incorporación de las TIC en las PyME

***Tipo de negocio.*** Tanto para el año 2010, 2011 y 2012 el tipo de negocio más común fue el Propio, presentandose un decremento en las Franquicias representado por el 8.3% ya que en el año 2011 era de 42.9% (Ilustración 17).

**Ilustración 17. Tipo de negocio de acuerdo a su propiedad**

***Número de sucursales.*** En el año 2012 se muestra un crecimiento de empresas que cuentan con una o más de 2 sucursales con un 48.1%, comparado con el año 2010 y 2012.

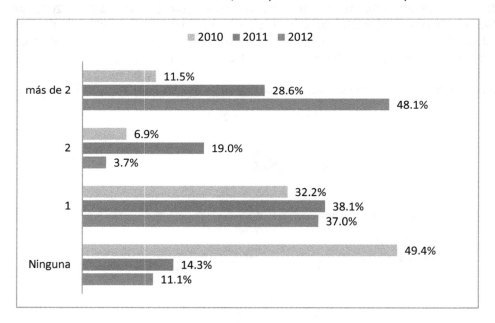

**Ilustración 18. Número de sucursales**

***Utilidades de la empresa en los últimos 2 años.*** Se puede observa se presenta un incremento de 6 a 10% y Mayor a 20% en el 2011, siendo 48% y 28% respectivamente, dando como resultado que las empresas en el 2011 manifestaron un mayor márgen de sus utilidades, pero no así en el 2012.

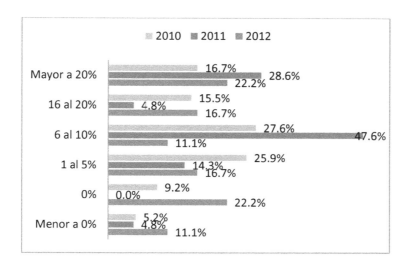

**Ilustración 19. Utilidades de la empresa en los últimos 3 años**

### 6.3.2 Infraestructura informática y de telecomunicaciones

En este apartado se analiza la disponibilidad de tecnologías de telecomunicaciones y de la infraestructura informática de las empresas participantes en el estudio.

***Tipo de equipamiento.*** Realizando un comparativo sobre el tipo de equipamiento, en el año 2011 se observan incrementos en todos ellos, siendo el que se mantiene con el crecimiento más bajo las impresoras. Resaltando que la totalidad de las empresas participantes manifiestan contar con computadoras personales.

Dentro del equipamiento que mayor incremento presento en el año 2011 fue la computadora personal, y se puede observer que en el año 2011 y 2012 la Computador conectada en red, PDA, Scanner, Impresora, Servidor y la computadora portátil casi están niveles de crecimiento y decrement similares.

Las fuerzas competitivas de mercado y su influencia en la incorporación de las TIC en las PyME

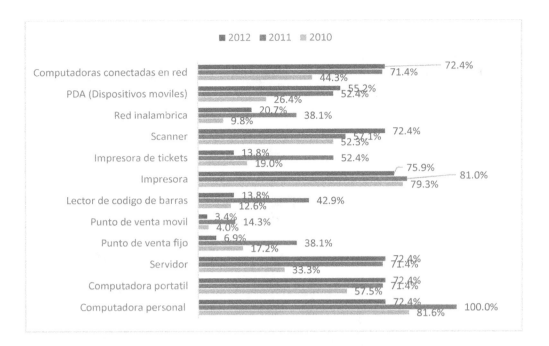

**Ilustración 20. Tipo de equipamiento**

***Tipo de dispositivo donde se realizan copias de seguridad.*** En lo referente a los dispositivos para realizar copias de seguridad, prácticamente en todos los tipos de dispositivos se observa un incremento en su uso, particularmente el disco duro que pasó de un 28.7% en el año 2010, 33% en el año 2011 y hasta llegar a un 41.4% en el año 2012. Tambien hay un decremento muy claro con respecto al uso de las memorias USB, asimismo se observa que hubo empresas que manifestaron no hacer copias de seguridad.

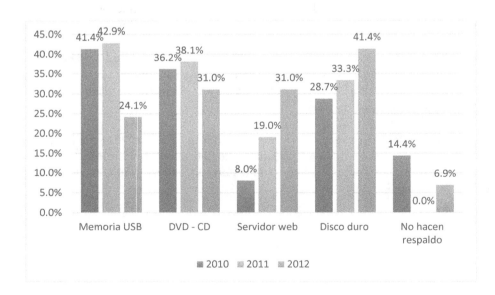

**Ilustración 21. Tipo de dispositivo donde se realizan copias de seguridad**

**Sistema de comunicación contratado.** En el cuestionamiento referente a los sistemas de comunicación utilizados, se observa que los medio de comunicación que presenta un decremento es la contratación de telefonía fija que es de un 62.1% en el año 2012 y la telefonía celular empresarial con un 27.6%.

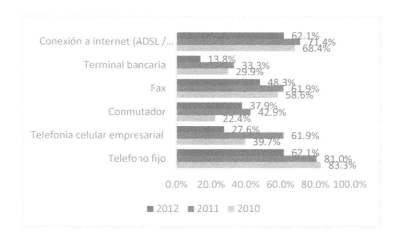

Ilustración 22. Sistema de comunicación contratado

**Antigüedad de los equipos de cómputo.** La mayoría de los participantes respondieron en la encuesta que la antigüedad de sus equipos de cómputos es de 1 a 3 años.

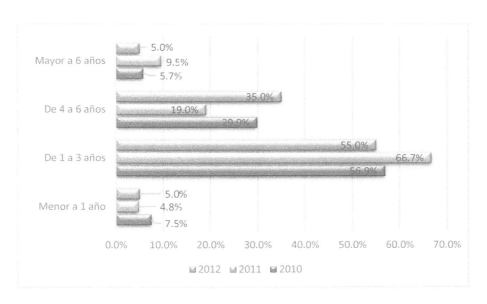

Ilustración 23. Antigüedad de los equipos de cómputo

**Presupuesto promedio anual para compra y/o actualización de equipos.** En lo referente al presupuesto promedio anual asignado a la compra y/o actualización de equipos de cómputo se observa que el monto dedicado a tal rubro sigue siendo bajo, con una inversión menor a los $10,000.00 por año.

**Tabla 8 Presupuesto promedio anual para compra y/o actualización de equipos (en pesos mexicanos)**

| Presupuesto | 2010 | | 2011 | | 2012 | |
|---|---|---|---|---|---|---|
| | Frecuencia | Porcentaje | Frecuencia | Porcentaje | Frecuencia | Porcentaje |
| Menos de $10,000 | 87 | 50 | 10 | 48 | 1 | 6 |
| Entre $10,001 y $20,000 | 25 | 14 | 3 | 14 | 0 | 0 |
| Entre $20,001 y $50,000 | 6 | 3 | 2 | 10 | 2 | 11 |
| Entre $50,001 y $100,000 | 2 | 2 | 2 | 10 | 2 | 11 |
| Más de $100,000 | 8 | 5 | 0 | 0 | 2 | 11 |
| No se dedica un presupuesto específico anual | 46 | 26 | 4 | 18 | 11 | 61 |

## 6.4 Análisis con minería de datos

En esta sección se presenta el análisis de los datos utilizando la técnica de minería de datos J48 derivados de la encuesta "Incorporación y uso de las TIC en el sector MPyME del municipio de Durango, México".

Se considera de manera conjunta la totalidad de las 224 empresas participantes en el estudio durante los 3 años en los que se aplicó la encuesta. Los resultados no hacen separación por tamaño de empresa, nivel de utilidades, sector al que pertenecen, ni por el nivel de madurez.

Asimismo se presenta un diagrama correlacional utilizando otra técnica de Minería de Datos utilizada para efectos del presente trabajo con la finalidad de buscar relaciones entre variables, la técnica utilizada fue la denominada *Sieve Multigram* que es un método de visualización de datos extensión del *Sieve Diagram* (*Parquet Diagram*) el cual sólo muestra las correlaciones entre dos atributos al mismo tiempo, mientras el *Sieve Mutigram* puede manejar más de dos. El Diagrama Sieve fue obtenido a través de la herramienta Orange, para conocer la relación que las cinco fuerzas de Mercado guardan con respecto al tamaño de empresa. Nota: las ilustraciones que se presentan en este apartado son elaboración propia, derivada del análisis de datos realizado.

### 6.4.1 Elementos facilitadores para adoptar nuevas tecnologías

A continuación se destacan los resultados principales obtenidos a través de análisis de minería de datos en relación a los aspectos que las empresas participantes consideran como elementos clave para facilitar la adopción de nuevas tecnologías dentro de una empresa.

- Las páginas web deberían ser apoyadas prioritariamente a través de subsidios del gobierno, también consideran que el hecho de que este tipo de tecnología y solución se puedan adaptar al negocio facilitaría el integrarlas en el mismo.
- La capacitación acompañada con la compra de equipo tecnológico facilitaría incluir nuevas tecnologías en la empresa.
- La llegada de productos/servicio sustitutos sería una de las principales razones que los motivarían a incorporar equipo de cómputo en sus negocios.
- Precios bajos en suministros tecnológicos.
- Una de las mejoras tecnológicas que creen deberían ser apoyadas por el gobierno es la de actualización del software para la gestión del negocio.
- El crecimiento de la empresa es un motivador para adoptara nuevas tecnologías
- Aunque de manera minoritaria, existieron empresas cuya principal razón para incorporar equipo de cómputo es por exigencia de sus proveedores y el entorno competitivo (presión por sus competidores).
- Contar con mejoras tecnológicas, en el caso de las empresas pequeñas la conexión Internet (empresas pequeñas (11-50 empleados) es considerada una de dichas mejoras,

mientras que para algunas empresas de tamaño grande lo es modernizer su equipo de cómputo, mismo que sugieren debería ser apoyada prioritariamente a través de subsidios o descuentos por parte del gobierno.

- La actualización del software, junto con el hecho de que las nuevas tecnologías fueran más sencillas de utilizar facilitaría que su negocio las pudiera adopter e incorporar soluciones TIC. En el tipo de mejora indican que la incorporación/actualización de software para la gestión del negocio debería ser apoyada prioritariamente a través de subsidios o descuentos del gobierno.
- Para quienes consideran al comercio electrónico como un tipo de mejora tecnológica, indicaron que esta mejora debería ser apoyada prioritariamente a través de subsidios del gobierno o descuentos. Empresas que están de acuerdo con el enunciado anterior indican que el desarrollo de software hecho en su localidad, le tienen un alto grado de confianza para confiarles este tipo de desarrollo.
- Continuando con las mejoras tecnológicas que creen deberían ser apoyadas prioritariamente a través del gobierno son: la incorporación/actualización software para la gestión tecnológica del negocio y la capacitación en tecnologías de información para los trabajadores.
- Quienes indicaron que incorporarían TI por iniciativa personal, lo harían si esta iniciativa fuese apoyada prioritariamente a través de apoyos de gobierno –subsidios o descuentos- orientadas incluso al uso e implantación del comercio electrónico.
- Existe un grupo que considera que la llegada de nuevos productos y servicios sustitutos no motivan a incorporar equipos de cómputo, así como este grupo tampoco considera como un criterio importante la capacitación a sus empleados como una forma de adoptar nuevas tecnologías.
- Para el grupo que expresó que la incorporación de equipo de cómputo no fue por la llegada de nuevos competidores, ni por la llegada de productos/servicios sustitutos, pero a su vez si tienen un grado de confianza alto en vendedores de equipo de computo, consideran que la capacitación en tecnologías de información a trabajadores debe ser apoyada prioritariamente a través de apoyos del gobierno.
- Para quienes indicaron como las principales razones que le motivaron a incorporar equipo de cómputo en su negocio considerando el sector general al que pertenecen (manufactura o servicios) y que al mismo tiempo tienen una confianza alta en fabricantes de equipo de computo, esta situación se presenta sólo si la empresa es menor o igual a 80 empleados en promedio.
- Para el grupo cuyas principales razones que le motivaron a incorporar equipo de cómputo en su negocio, y que no fue por la llegada de productos o servicios sustitutos, ni por exigencia de los proveedores, sino que lo hicieron por solicitud de sus clientes, consideran que adoptan nuevas tecnologías si estas se adaptan a las necesidades del negocio, y tienen una confianza media en las empresas desarrolladoras de software fuera del estado.
- Quienes consideran que los factores que facilitarían que el negocio adoptara nuevas tecnologías, y no necesariamente por que fueran más seguras, y con un grado de confianza medio en la cámara de comercio, y que están considerando tener conexión a IOnternet consideran que ésta es una mejora que debería ser apoyada a través de gobierno-subsidios o descuentos.
- La confianza en los fabricantes de equipo de cómputo depende del sector al que pertenezca la empresa y al tipo de negocio.
- Considerando el tipo de negocio, la clasificación sugiere, que la incorporación de TIC la harían si existiesen apoyos a través el gobierno-subsidio o descuentos para la incorporación/actualización de software para la gestión del negocio y a la vez siendo

apoyados por un consultor/asesor de un centro de investigación e instituciones de educación superior.

- Las utilidades de la empresa en los últimos años se ven influenciadas por la adopción de nuevas tecnologías, por los costos alcanzables para su, reflejándose en un crecimiento comercial y la llegada de nuevos clientes

- Fortaleciendo las deducciones anteriores, la decisión de invertir en tecnología se sustentada en la exigencia de los clientes y de los proveedores dependerá del sector productivo en el que se encuentra la empresa. Por otro lado, depende de su capacidad de compra y del número de empleados (razón que clasifica a la empresa por su tamaño).

- Considerando el entorno competitivo, es decir, la presión que ejercen sus competidores, las empresas consideran que se podrá incursionar en una inversión en tecnología, siempre y cuando sea a través de apoyos de gobierno, tanto para la incorporación como para la modernización de equipo de cómputo. Aunado a esto, es importante contar con la capacitación como parte del servicio de compra. Por otro lado, la decisión (al igual que en casos anteriores) se realiza es por la exigencia de los proveedores, buscando con esto que la ventaja competitiva que el producto ofrece, se adapte a las necesidades de la empresa.

- El resultado de que los nuevos competidores sean factor de motivación para la incorporación de equipo de cómputo, depende de la facilidad para utilizar la tecnología y de la confianza que tengan en las empresas fabricantes de los mismos.

- Si se busca el financiamiento es por la necesidad de contar con apoyo para que el negocio crezca, así como la visión de tener una o más sucursales.

### 6.4.2 Las fuerzas de mercado como elemento motivador a la incorporación de las TIC

Considerando los datos de todas las empresas participantes en el estudio durante los 3 años de aplicación de las encuestas, y considerando únicamente los elementos relacionados con las fuerzas competitivas de mercado: competidores, proveedores, productos sustitutos, clientes, y nuevos entrantes, se realizó un análisis correlacional con el diagrama de Siev.

Los *Sieve Multigram* fueron obtenidos en la aplicación Orange. En los gráficos que se presentan más adelante, se observa que de las cinco fuerzas competitivas consideradas como influencia para la incorporación de tecnologías de información (TI) (E2- Exigencia de los proveedores, E3- Por solicitud de los clientes, E4- Entorno competitivo, E5- Nuevos competidores, E6- Llegada de productos y servicios sustitutos), así como el elemento (E7) Para tener una ventaja competitiva y (E1) por iniciativa propia, ninguna de ellas muestra evidencia de tener una influencia o correlación directa en la decisión de incorporar TI en las empresas encuestadas. El diagrama Sieve sugiere que las empresas de tamaño mediano se podrían ver influenciadas por el entorno competitivo, mientras que las de tamaño pequeño por la exigencia de sus proveedores. En el diagrama en el lado correspondiente al tamaño de la empresa 1 significa tamaño micro, 2 pequeña, 3 mediana y 4 grande.

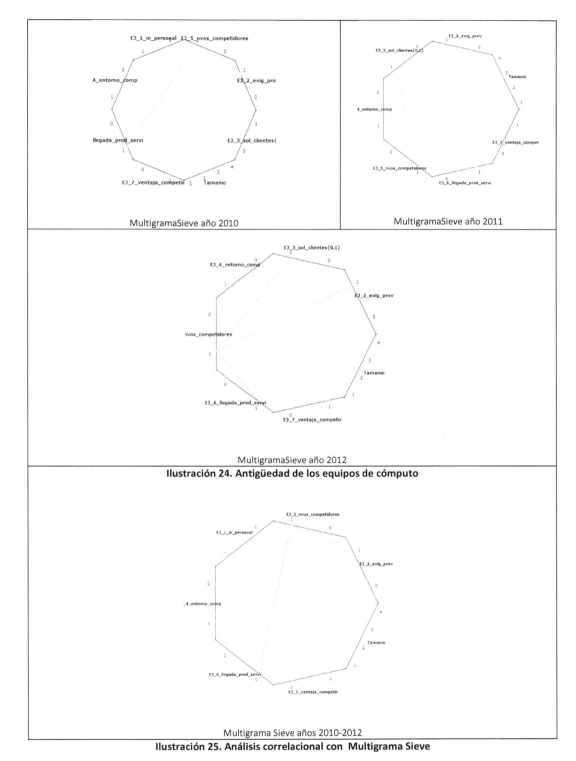

MultigramaSieve año 2010

MultigramaSieve año 2011

MultigramaSieve año 2012

**Ilustración 24. Antigüedad de los equipos de cómputo**

Multigrama Sieve años 2010-2012

**Ilustración 25. Análisis correlacional con Multigrama Sieve**

En el comparativo de los tres años por separado de las cinco fuerzas competitivas que pueden estar impulsando a las empresas a integrar tecnología dentro de sus estrategias es el entorno competitivo y la llegada de nuevos competidores, sobre todo para las empresas de tamaño mediano, ya que para las micro ninguna de las cinco fuerzas parece ser un factor que esté motivando la integración de las TIC en sus empresas.

Por otro lado, el análisis conjunto los 224 empresas en los tres años, la evidencia sugiere que la única fuerza competitiva que parece imprimir cierta influencia en la incorporación de las TIC es el entorno competitivo, particularmente para las empresas de tamaño mediano.

# Conclusiones

Recordando el objetivo de esta investigación que fue analizar la influencia de las fuerzas competitivas de Mercado en la incorporación de las TIC en las PyME a continuación se presentan las principales conclusiones obtenidas para el logro del objetivo general y los objetivos específicos.

En lo que respecta al objetivo general se concluye que con base en el análisis de datos realizado para este estudio se puede recalcar aspectos muy puntuales:

- La evidencia sugiere que las empresas están solicitando apoyo o subsidios por parte del gobierno como un mecanismo de apalancamiento para incorporar Tecnologías de Información en sus negocios como los son:
    - El que se les proporcionen descuentos para la modernización de equipos de cómputo.
    - Apoyos para la actualización del software para la gestión del negocio.
    - Contar con una página web para promocionar sus productos y/o servicios o bien para comercio electrónico.
    - De la mano al punto anterior el que puedan tener conexión a Internet en sus empresas.
- En cuanto a los aspectos que las empresas reflejaron es sus respuestas de cuáles serían los motivos para la incorporación de las TIC en sus negocios los que más destacan son:
    - Poder tener ventajas competitivas.
    - El uso de estas faciliten el trabajo.
    - Sean rentables.
    - Se adecuen a sus necesidades.
    - Sean fáciles de usar.
    - Que sean un elemento para que el negocio crezca.
    - Poder tener precios bajos.
- Algunas empresas también dijeron que no creen que el conocer la utilidad de las Tecnologías de Información facilitaría que su negocio las pudiera incorporar y adaptar.
- Para las fuerzas competitivas:
    - La rivalidad entre los competidores es de las 5 fuerzas competitivas la que se presenta con más influencia esto dicho porque se puede observar en las reglas y árboles del estudio que las empresas mencionan el incorporar equipo de computo en sus negocios con el fin de competir en el mercado
    - Otro aspecto fue por la llegada de productos o servicios sustitutos, el tener modernización en sus negocios, tener un área en el comercio electrónico y el que sus trabajadores sean capacitados para el uso de las tecnologías de información.

En los objetivos particulares el primero que trata sobre la caracterización de las empresas se obtuvieron resultados como que el tamaño de las empresas que participaron en este estudio fueron mayoritariamente empresas de tamaño micro, pequeñas y medianas (90%). El sector al que pertenecían arrojó que los dos fueron de Servicios. La antigüedad de las empresas que más se vio reflejada fue mayor a 10 años. También existió coincidencia en los porcentajes para la ubicación de las empresas la más alta fue en Nucleó urbano/calle o área comercial.

En lo que respecta al análisis de resultados del año 2010 en comparación con el 2011 y 2012 del uso de TIC en la capital de Durango se destaca que en el último año las empresas apuestan más a las TIC por tener con que competir con los demás negocios y otro punto interesante es que estas empresas también quieren incorporar o algunas ya cuentan con comercio electrónico, y el tener capacitación sobre el uso de las TIC. Lo que se mantiene en el estudio en general en los tres años es que solicitan el apoyo del gobierno para incorporar tecnología en sus negocios. Esto dicho con base en una comparación realizada con los resultados del estudio realizado en el 2010 que fueron presentados en el IV Congreso Iberoamericano Soporte al Conocimiento con Tecnología, organizado por la Universidad Pontifica Bolivariana, sede Bucaramanga, Colombia (Gonzalez-Bañales, Leyva Alanis, & Gutierrez Reyes, 2012).

Para las áreas de oportunidad que este estudio brinda a los profesionales de TI, se destacan que los empresarios piden la capacitación en tecnologías de información para sus empleados, también el que quieren integrar equipo de cómputo en sus negocios; el saber utilizar el Internet para compra de productos o servicios y saber utilizar el correo electrónico con orientación al negocio y relación con los clientes y proveedores. Los grados de confianza que tienen en el desarrollo de software y confianza en consultores de TIC son Alto y Muy Alto, respectivamente, dejando una oportunidad de trabajo en estas empresas para profesionales del área. Otra área sería para los desarrolladores de software ya que se menciona la incorporación de páginas web para promocionar sus servicios o productos y también para el comercio electrónico, y el que cerca del 40% de estas empresas participantes no cuenten con ningún tipo de software o programa de diseño en sus equipos de cómputo.

## Anexo A. Cuestionario de diagnóstico de incorporación de TIC en la PYME de la ciudad de Durango, México

Basado en el cuestionario de diagnóstico tecnológico del sector minorista (España 2008), realizado por red.es.

| A. DATOS DE IDENTIFICACIÓN DE LA EMPRESA |
|---|

A.1 ¿Cuántos empleados tiene su empresa? _____

A.2 Su empresa pertenece al sector:
— Servicios
— Manufactura
— Extracción
— Transformación

A.3 Sector principal de la actividad de su empresa de acuerdo a la siguiente clasificación:
— Aprovechamiento forestal
— Construcción
— Comercio al por mayor
— Comercio al por menos
— Información en medios masivos
— Servicios financieros y de seguros
— Servicios inmobiliarios y de alquiler de bienes muebles e intangibles
— Servicios profesionales, científicos y técnicos
— Dirección de corporativos y empresas
— Servicios educativos
— Servicios de salud y asistencia social
— Servicios de esparcimiento, culturales, deportivos y otros servicios recreativos
— Servicios de alojamiento temporal y de preparación de alimentos y bebidas
— Actividades del gobierno y de organismos internacionales y extraterritoriales
— Manufactura
— Otros servicios excepto actividades del Gobierno. Por favor especifique:_____

A.4 Antigüedad del negocio:
— Menos de un año
— De 1 a 3 años
— De 4 a 6 años
— 7 a 10 años
— Más de 10 años

A.5 Ubicación del negocio:
— Núcleo urbano. Área residencial
— Núcleo urbano. Calle o área comercial
— Centro/paseo comercial
— Ámbito rural (localidades de menos de 5.000 habitantes)

A.6 Tipo de negocio:
— Propio
— Franquicia
— Miembro de una cadena
— Miembro de una sociedad comercial
— Gobierno
— Asociación civil

A.7 Número de sucursales/establecimientos:
- — Ninguna
- — 1
- — 2
- — + 2

A.8 Nivel de utilidades de su empresa en los últimos dos años:
- — Menor a 0%
- — 0%
- — 1 al 5%
- — 6 al 10%
- — 16 al 20%
- — Mayor a 20%

Si desea que le hagamos llegar los resultados de este estudio vía correo electrónico por favor indíquenos una dirección de correo electrónico: _____

## B. INFRAESTRUCTURA INFORMÁTICA Y DE TELECOMUNICACIONES

B.1 Especifique el tipo de equipamiento del que dispone su negocio:
- — Computadora personal  (¿Cuántas?_____)
- — Computadora portátil  (¿Cuántas?_____)
- — Servidor (¿Cuántos? _____)
- — Terminal punto de venta fijo (¿Cuántas? _____)
- — Terminal punto de venta móvil (¿Cuántas? _____)
- — Lector código de barras (¿Cuántos? _____)
- — Impresora (¿Cuántas? _____)
- — Impresora térmica de tickets o comprobantes (¿Cuántas? _____)
- — Scanner (¿Cuántos? _____)
- — Red inalámbrica (¿Cuántas? _____)
- — PDA/dispositivos móviles (¿Cuántos? _____)
- — Sistema de video-vigilancia (¿Cuántos? _____)
- — Computadoras conectadas en red (¿Cuántas? _____)
- — Otros. Por favor especifique: _____

B.2 ¿En qué tipo de dispositivo se realizan las copias de seguridad de la información contenida en sus equipos de cómputo?:
- — No se hacen copias de seguridad
- — Discos duros portátiles
- — Memorias USB
- — DVD-CD
- — Servidores web
- — Otros. Especifique: _____

B.3 ¿Qué sistemas de comunicación tiene contratados y/o instalados en su negocio? (respuesta múltiple):
- — Teléfono fijo
- — Telefonía celular empresarial
- — Conmutador
- — Fax
- — Terminal Bancaria
- — Conexión a Internet
- — Sistemas Inteligentes
- — Otros. Por favor especifique: _____

B.4 ¿Cuál es la antigüedad promedio de los equipos de cómputo de su negocio?:
- — Menor a 1 año
- — De 1 a 3 años
- — De 4 a 6 años
- — Mayor a 6 años

B.5 ¿Cuál es el presupuesto promedio anual que dedica a la compra y/o actualización de equipos de cómputo de su negocio (en moneda nacional)?:

- — Menos de $10,000
- — Entre $10,001 y $20,000
- — Entre $20,001 y $50,000
- — Entre $50,001 y $100,000
- — Más de $100,000
- — No se dedica un presupuesto específico anual

B.6 En general ¿Con qué frecuencia realiza la renovación de su equipo de cómputo?:

— Cada 6 meses o menos
— Cada año
— Cada 2 años
— Más de 2 años


B.7 ¿Qué departamento o área dentro de su empresa es a la que se le invierte mayor presupuesto para la compra de equipo de cómputo?:

— Dirección y gerencia
— Administrativa
— Operativa
— Todas las anteriores
— No cuenta con áreas o departamentos
— Otra. Por favor especifique: _____


B.8 Para la gestión de los recursos informáticos de su empresa, ésta cuenta con:

— Departamento de informática/sistemas
— Servicio externo para asesoría y mantenimiento de equipo de cómputo
— Un empleado que se dedica exclusivamente a esta gestión
— Un empleado que tiene como función complementaria esta gestión


| **C. INTERNET** |
|---|

C.1 ¿Tiene contratado el servicio de Internet en su negocio?:
— Sí
— No

C.2 Si la respuesta a la anterior pregunta es **NO**: ¿Cuáles son los motivos por los cuales no dispone de una conexión de Internet en su negocio?:
— No hay cobertura
— No lo considero indispensable
— Es caro
— Desconozco los beneficios de tener conexión a Internet
— Otros. Por favor especifique: _____

C. 3 Si la respuesta fue **SI**:

C. 3.1 Aproximadamente ¿hace cuánto tiempo conectó su negocio a Internet por primera vez?:
— Menos de un año
— Un año
— Dos años
— Más de tres años

C.3.2 ¿Qué tipo de enlace a Internet tiene contratado?:
— ADSL (telefónico)
— Cable
— Satelital

C.3.3 De los siguientes servicios de Internet ¿cuáles se utilizan con mayor frecuencia en su negocio?:
— Correo electrónico
— Para comprar productos y servicios
— Promocionar productos y servicios de su empresa
— Búsqueda de oportunidades de negocio
— Banco en línea
— Trámites con el Gobierno
— Relación con clientes/proveedores
— Acciones de marketing
— Búsqueda y contratación de personal
— Capacitación en línea
— Análisis de competencia

C.4 Si su empresa **NO** posee una página web ¿tiene intención de que le diseñen una?:
— No tengo intención
— Durante el transcurso de este año
— En el próximo año
— Sin fecha prevista aún

C.5 Si su negocio dispone de una página web: ¿Con qué frecuencia actualiza los contenidos de la página?:
— No ha sido actualizado desde que se creó
— Se modifica según se requiere
— Se actualiza de manera frecuente

C.6 ¿Su empresa vende productos y/o servicios a través de Internet? (Comercio Electrónico):
— Sí
— No

C.6.1 Si **NO** vende a través de Internet indique las principales razones por las cuales no lo hace (respuesta múltiple):
— Mi negocio no necesita un nuevo canal de ventas
— No me lo he planteado
— Productos no adecuados para su venta por Internet
— Falta seguridad en las formas de pago
— Los clientes no son receptivos a la compra por Internet
— Incertidumbre respecto al marco legal
— Existen problemas en los procesos del producto
— Por falta de recursos económicos
— Otra. Por favor especifique:_____

C.6.2 Si su empresa vende a través de Internet, indique la principal razón por lo cual decidió incorporar comercio electrónico a su negocio:
— Mi negocio necesitaba un nuevo canal de ventas
— Confianza en las formas de pago por Internet
— Mis clientes son receptivos a la compra por Internet
— Por la certidumbre respecto al marco legal de las ventas por Internet
— Mi producto es adecuado para entregarse a domicilio por servicio de paquetería/mensajería
— Se presupuestó el recurso económico para iniciar el negocio en línea
— Otra. Por favor especifique:_____

C.7 Si usa correo electrónico:

C.7.1 ¿La cuenta de su correo electrónico usa dominio de su empresa?:

— Si
— No (Usa: hotmail, yahoo, gmail...)

C.7.2 ¿Con qué frecuencia utiliza su cuenta de correo electrónico?:
— Esporádicamente (más de una semana)
— Con frecuencia semanal
— Diariamente

| D. SOLUCIONES TIC IMPLEMENTADAS EN LA EMPRESA |
|---|

D.1 ¿Qué Sistemas de Información (aplicaciones de software) tiene instalados en las computadoras de su negocio?:
— Administración de caja y punto de venta
— Procesador de textos, hoja de cálculo… (ofimática en general)
— Programas de diseño
— Contabilidad
— Facturación
— Transacciones con entidades financieras
— Gestión de compras
— Control de almacén
— Gestión y relación con clientes
— Comercio electrónico
— Gestión integral ERP
— Programas específicos relacionados con mi actividad
— Bases de datos
— Otros. Por favor especifique:_____

D.2 ¿Qué sistemas/medidas de seguridad informática ha instalado para las computadoras de su negocio?:
— Sistema de Alimentación Ininterrumpida (*non-breaks*)
— Antivirus
— Anti-spam
— Anti-spyware
— Cortafuegos
— Otros. Por favor especifique:_____

D.3 En general ¿qué beneficios ha traído para su negocio el uso de equipo de cómputo?:
— Mejorar la organización interna
— Mejorar mis procesos de negocio
— Mejorar la comunicación con clientes y/o proveedores
— Ahorrar costos en los procesos de gestión y comunicación
— Ofrecer nuevos productos y servicios a los clientes

D.4 El desarrollo de los Sistemas de Información de su empresa (software) se realiza en:
— La misma empresa
— Con una empresa externa ubicada en la misma ciudad
— Con una empresa externa ubicada en otra ciudad del Estado
— Con una empresa externa ubicada fuera del Estado
— Con una empresa externa ubicada en el extranjero
— No uso Sistemas de Información en la empresa

D.5 ¿Cuál es la valoración general en cuanto al uso de Tecnologías de Información en la actividad de su negocio?:
— Imprescindibles
— Muy útiles
— Útil
— Un elemento más
— No son útiles

D.6 En caso de recibir apoyos económicos del Gobierno para la incorporación de Tecnologías de Información ¿qué valoración asigna a dichos apoyos?:

— Sin valor
— Baja
— Media
— Alta
— Desconozco que el gobierno brinda ayudas

D.7 Indique 2 de los principales medios publicitarios que utiliza su negocio:
— Trípticos
— Periódico
— Anuncios publicitarios en TV
— Spots de radio
— Internet
— Sección amarilla
— Otros. Por favor especifique: _____

D.8 ¿Emplea o piensa emplear alguna de las siguientes tecnologías?:
— Conexión wifi de cobertura amplia (la usa/la piensa usar)
— Firma/ certificado digital (la usa/la piensa usar)
— Facturación electrónica (la usa/la piensa usar)
— Lectores de código de barras (la usa/la piensa usar)

D.9 ¿Cuál de las siguientes soluciones implantaría o tiene implantada en su negocio?:
— Página web promocional (la usa/la piensa usar)
— Pagina web para vender (Comercio electrónico) (la usa/la piensa usar)
— Base de datos de clientes (la usa/la piensa usar)
— Gestión integral con sistemas ERP o similares (la usa/la piensa usar)

D.10 Si no tiene equipo de cómputo ¿cuáles son las barreras encontradas para no instalarlo? (Respuesta múltiple):
— Costos elevados
— Falta de ayudas y/o subsidios por parte del Gobierno
— Dificultad en la adaptación y uso por parte de los empleados
— Desconocimiento de los beneficios
— Falta de espacio

E.1 Considerando a su principal proveedor ¿por cuál de los siguientes medios le solicita habitualmente que realice sus pedidos?:
— Internet
— Fax
— Teléfono
— Agente de ventas
— Catálogo
— Otros. Por favor especifique: _____

E.2 ¿Cuáles son 2 de las formas de pago que más utilizan sus clientes en la compra de sus productos y/o servicios?:
— Tarjeta de crédito/débito
— Efectivo
— Contra reembolso
— Depósito bancario
— Banca electrónica
— Domiciliación bancaria
— Teléfono celular
— Otros. Por favor especifique: _____

E.3 ¿Cuáles fueron las principales razones que le motivaron a incorporar equipo de cómputo en su negocio? Si no tiene equipo: ¿qué lo motivaría? (respuesta múltiple):
— Por iniciativa personal
— Por exigencia de sus proveedores
— Por solicitud de sus clientes
— Por el entorno competitivo
— Por la llegada de nuevos competidores
— Por la llegada de productos/servicios sustitutos
— Por tener una ventaja para competir
— Otras. Por favor especifique: _____

E.4 ¿Cuál de los siguientes aspectos considera facilitarían que su negocio adoptara nuevas tecnologías? (Selección de las 3 más importantes):
— Precios más bajos
— Que fueran claramente rentables
— Que me dieran financiamiento o ayudas para su compra
— Que se adapten a las necesidades de mi negocio
— Que fueran más sencillas de utilizar
— Que me dieran capacitación como parte del servicio
— Que conociera la utilidad de las tecnologías
— Que el comercio crezca / tenga más clientes
— Que fueran más seguras

E.5 ¿Qué tipo de mejoras tecnológicas cree que deberían ser apoyadas prioritariamente a través apoyos del Gobierno –subsidios o descuentos-? (Seleccione hasta 3):
— Conexión a Internet
— Incorporación /modernización de equipo de cómputo
— Software para la gestión del negocio
— Página web
— Comercio electrónico
— Capacitación en tecnologías de información para los trabajadores
Otras. Por favor especifique: _____

E.6 ¿Cuál es su grado de confianza en los siguientes agentes como asesores tecnológicos para su negocio?

1. Nula  2. Baja 3. Media 4. Alta 5. Muy Alta

|  | 1 | 2 | 3 | 4 | 5 |
|---|---|---|---|---|---|
| Dedicados a desarrollo de software en su localidad |  |  |  |  |  |
| Dedicados a desarrollo de software fuera del Estado |  |  |  |  |  |
| Vendedores de equipo de cómputo |  |  |  |  |  |
| Consultores |  |  |  |  |  |
| Fabricantes de equipo de cómputo |  |  |  |  |  |
| Cámaras de comercio y asociaciones empresariales |  |  |  |  |  |
| Universidades públicas |  |  |  |  |  |
| Centros de investigación |  |  |  |  |  |

# Referencias bibliográficas

AMITI, CANIETI, & FMD. (2006). *Visión México 2020. Políticas públicas de tecnologías de información y comunicaciones para impulsar la competitividad de México.* Instituto Mexicano para la Competitividad.

Chiner Dasí, M. (2001). *Análisis del grado de innovación en las PyMEs de la Comunidad Valenciana.* Valencia: Tetragrama.

Gonzalez-Bañales, D., Leyva Alanis, M., & Gutierrez Reyes, J. (2012). Análisis de la incorporación y uso de las TIC en la PyMe usando minería de Datos. *IV Congreso Iberoamericano, Soporte al Conocimiento con la Tecnología.* Bucaramanga, Colombia: UPB.

Ian H. Witen, i. M. (2011). *Data Mining, Practical Machine Learnig Tools abd Techniques.* Boston: Elsevier.

INEGI. (2009). *Censos Económicos.*

Pértega Díaz, S. (2001). *Técnicas de regresión: Regresión Lineal Simple.* Recuperado el abril de 2009

Porter, M. (1980). *Competitive Strategy Techniques for Analyzing Industries and Competitors.*

Porter, M. (2001). Strategy and the Internet. En H. B. Review.

**Las fuerzas competitivas de mercado y su influencia en la incorporación de las TIC en las PyME. Un estudio exploratorio años 2010-2012**

Autores: Dora Luz González Bañales, Martín Gustavo Leyva Alanís, José Antonio Gutiérrez Reyes

Publicado por Dora Luz González Bañales, Martín Gustavo Leyva Alanís, José Antonio Gutiérrez Reyes

www.ingramcontent.com/pod-product-compliance
Lightning Source LLC
Chambersburg PA
CBHW082111070326
40689CB00052B/4596

* 9 7 8 1 3 2 6 2 7 5 9 6 9 *